FRÉDÉRIC SOULIÉ.

LE COMTE

DE FOIX

II

PARIS — 1851
HIPPOLYTE SOUVERAIN, ÉDITEUR
Rue des Beaux-Arts, 5

LE COMTE

DE FOIX

PAR

FREDÉRIC SOULIÉ

II

PARIS
HIPPOLYTE SOUVERAIN, ÉDITEUR
RUE DES BEAUX-ARTS, 5
—
1852
1851

LE COMTE
DE FOIX

II

PUBLICATIONS RÉCENTES.

Alexandre DUMAS fils.

ANTONINE	LA VIE A VINGT ANS
2 vol. in-8.	2 vol. in-8.

TROIS HOMMES FORTS
4 vol. in-8.

SCÈNES DE LA VIE ORIENTALE
Par GÉRARD de NERVAL.

LES HOMMES NOIRS
Par F. De BAZANCOURT

LES TROIS ÉPOQUES
Par Claire BRUNE.

MARCEL
Par Félicien MALLEFILLE.

LA TERRE PROMISE
PAR ALPHONSE BROT.

HISTOIRE DE LA RÉVOLUTION D'ITALIE
Précédée d'un aperçu sur les derniers événements.
PAR RICCIARDI.
Député au Parlement de Naples.

LES QUATRE NAPOLITAINES
PAR FRÉDÉRIC SOULIÉ.
Ouvrage terminé. — 6 vol. in-8.

LAGNY. — Imprimerie de VIALAT et Cie.

CHAPITRE TREIZIÈME.

Lorsqu'Othon entra dans la chambre de son père, il le trouva assis, l'œil fixé sur le poignard qu'il avait laissé tomber quand Crédo avait prononcé le nom de Michel.

On eût dit qu'il ne s'apercevait pas de l'entrée de son fils; car il ne bougea pas au bruit que fit celui-ci.

Othon, que l'heure pressait, ne respecta point cette profonde préoccupation; et, s'avançant vers le vieux sire de Terride, il lui dit d'une voix assez haute pour l'arracher à la pensée qui le dominait :

— Mon père, je vous apporte le suprême adieu de votre fils.

Le vieillard le regarda d'un air tout-à-fait égaré, et repartit :

— Ne l'appelle pas ainsi; ne lui donne pas ce nom; et puisqu'il doit mourir, qu'il meure inconnu.

— A cette parole, Othon se recula, et, malgré lui, il porta la main sur son épée comme s'il eût craint quelque attaque soudaine.

Le vieux sire de Terride se leva, et reprit en s'approchant d'Othon :

— Tu le frapperas, toi; tu me vengeras, toi... Ne l'épargne pas.

Crois-moi, écrase le serpent, ou il te déchirera comme il m'a déchiré.

Othon crut comprendre qu'en ce moment il se passait dans la folie de son père une de ces étranges contradictions où la pensée est préoccupée d'une personne que l'œil ne reconnaît pas; ainsi Othon ne doutait pas que ce ne fût de sa mort que lui parlait son père.

Jamais une grande affection n'avait régné entre eux, même avant le jour où la passion les avait désunis; cependant il faut dire que le fils était revenu bien décidé à oublier les griefs qu'il avait contre son père, et que, malgré l'accueil qu'il avait reçu, il n'avait pas songé à s'en armer contre lui, et il avait mis sur le compte de la folie les étranges paroles qui demandaient son prochain départ.

Cependant à ce moment, où il crut se voir sacrifié à un ressentiment qui avait survécu à toutes les autres passions, une funeste pensée lui traversa l'esprit, et il murmura en lui-même que ce ne serait pas une triste chose de voir finir la vie de ce vieillard inutile à lui-même et nuisible encore à tous les siens.

Cette pensée s'évanouit comme un éclair, et Othon reprit d'une voix impérative :

— Me reconnaissez-vous, mon père, et ne savez-vous pas que c'est à moi, votre fils, que vous parlez?

— Je le sais, Othon, reprit le vieillard d'une voix sombre et avec un rire amer, et c'est parce que je te connais que je te dis qu'il doit mourir, et c'est parce que je te connais que je suis sûr qu'il mourra.

Tu es brave et fier, Othon, ou tu n'as pas tenu ce que promettait ta jeunesse; mais tu n'as jamais été si brave et si résolu que lui, et tant qu'il sera vivant, tu ne pourras dormir en paix dans ce château et te croire le maître de mon héritage.

Othon écoutait son père avec une extrême surprise; car il reconnaissait que la confusion qu'il avait cru deviner dans les idées de son père n'existait pas, seulement le vieillard lui parlait de choses qu'il ne pouvait comprendre.

Le comte Guittard de Terride vit sans doute cet étonnement, car il reprit aussitôt :

— Pourquoi me regardes-tu ainsi, Othon ? On dirait que tu ne me comprends pas. Cependant tu dois savoir tout, toi; ne l'as-tu pas appelé mon fils ?

Un éclair soudain sembla illuminer tout à coup l'obscurité où se perdait le jeune Terride, et il dit alors à son père, d'une voix basse et interrogative :

— Michel ? n'est-ce pas.

— Est-ce que tu l'ignorais ? repartit le vieillard en se reculant.

Othon ne répondit pas à cette question : car déjà d'autres pensées le préoccupaient; déjà la pensée de perdre Michel s'était emparée de lui, et déjà il calculait comment il pourrait le livrer à la vengeance du vieux sire de Terride, lorsqu'il avait promis de le réunir à la comtesse Signis, et que c'était par cette réunion seule qu'il pouvait obtenir qu'on lui remît le jeune orphelin de Béziers.

Emporté par ces réflexions, Othon se demandait déjà comment son père pouvait lui prédire que Michel le troublerait dans la possession de son héritage, et comment il se faisait qu'il en eût disposé pour sa fille ou le sire Guy de Lévis, sans en rien réserver pour ce fils inconnu.

D'ailleurs quel était ce Michel qui se révélait ainsi à lui après vingt ans, mais qui devait être né cependant avant que lui-même n'eût quitté le château de son père ?

Ainsi volait de questions en questions qu'il ne pouvait résoudre l'active pensée d'Othon, tandis que celle de son père retombé dans sa torpeur, semblait avoir complètement oublié ce qui venait de se passer à l'instant même.

Espérant arracher à son père quelques mots qui pussent l'éclairer et le déterminer, il l'appela de nouveau à haute voix, et lui dit :

— Mon père, c'est donc la mort de votre fils que vous voulez ?

Mais déjà l'esprit du vieux sire de Terride s'était laissé emporter à d'autres idées; car il se mit à murmurer en regardant la terre d'un œil fixe et morne :

— Tous les deux ! ils l'ont aimée tous les deux ! tous les deux mourront. Viens, çà, Crédo, ramasse le poignard et la bourse, et va-t'en faire justice;

ils doivent dormir l'un et l'autre, car il n'y a que les vieillards outragés et méprisés qui ne dorment pas; allons, prends vîte le poignard.

Othon espérant qu'en cédant à la parole de son père, il l'exciterait à continuer, ramassa l'arme fatale et répondit :

— Et puis après, seigneur?

— Crédo, reprit le vieux comte, tu sais maintenant un secret que personne ne sait au monde, pas même lui qui ne devait l'apprendre que par mon testament qui était là à côté de la bourse et du poignard.

Tu ne diras pas ce secret à Othon, puisqu'il doit vivre lui, puisqu'il n'aime plus la comtesse, et que la comtesse ne l'aime plus.

Othon écoutait avec une étrange anxiété cette vague parole où s'exprimaient d'une façon si incertaine les pensées encore plus vagues du vieillard.

L'expression de la figure de Guittard devenait de plus en plus triste et mélancolique ; il reprit sa place, et, penchant sa tête sur ses mains, il se laissa aller à dire d'une voix larmoyante:

— J'ai été un père bien malheureux; Crédo, le fils, l'héritier légitime de mon nom, a osé me disputer celle que j'aimais, et celui que j'avais destiné à le remplacer me l'a ravie.

Comme nous l'avons montré à nos lecteurs, lorsque le vieillard se prenait à accuser Othon de sa propre faute, Crédo n'essayait point de lui répondre, trouvant inutile de l'irriter; mais le jeune Terride ne voulut pas accepter si facilement l'accusation, il repartit d'une voix sévère :

— Vous avez été un père injuste, Messire; c'est vous qui avez volé sa fiancée à votre fils; c'est vous qui l'avez injustement accusé de félonie pour lui ravir son héritage; et, lorsque vous avez voulu donner vos châteaux à l'enfant de quelque coupable amour, Dieu a voulu, pour vous punir, que le préféré accomplît le crime que vous aviez voulu prévenir en frappant l'innocent.

Encore une fois la pensée du vieillard échappa à Othon, au moment où il croyait l'obtenir par la menace, comme un moment avant par l'obéissance.

Le vieux Guittard se mit à regarder son fils sans colère, et lui dit :

— Est-ce vrai, Othon, et Crédo ne m'a-t-il pas trompé? Ils s'aiment tous deux, et ils m'insultent, et ils vivent encore quand tu es ici dans ce château !

Un sourire de satisfaction et un regard de joie parurent sur le visage du vieux Terride ; il s'écria, comme quelqu'un qui vient de trouver un argument qui doit tout résoudre :

— Mais ils t'insultent aussi, toi, car tu l'aimes, cette femme; elle t'a fait des sermens, et elle t'a oublié comme elle m'a méprisé; si ce n'est pas pour moi, c'est pour toi que tu les tueras tous les deux, n'est-ce pas? Et tous les deux doivent mourir, elle surtout, elle.

Une fois encore, l'esprit de Guittard s'égara dans cette pensée de jalousie effrénée qui le dévorait, et il continua :

— Elle et lui, car, si elle vivait, je te l'ai dit, Crédo, elle deviendrait l'épouse d'Othon; il l'aime, cette femme! Qui ne l'aimerait pas... elle est si belle, et je l'ai tant aimée, moi!

Puis il se leva tout-à-coup, et s'écria dans un accent de fureur indicible :

— Il faut qu'ils meurent tous, tous, Othon comme les autres!

— Eh bien! dit celui-ci, voulant profiter de ce moment d'égarement pour obtenir ce qu'il désirait, donnez-moi un ordre écrit de votre main, et je vous réponds que dans une heure vous n'aurez plus à en redouter aucun.

— Non, non! dit sourdement le vieillard en riant cruellement, non, non!

Mon Dieu! il y a des heures où je suis fou et où j'oublie ce que j'ai arrêté dans ma volonté; non, tu vas aller chercher Michel, tu lui diras de venir ici, et je lui remettrai ce testament qui est là, et qui lui assure mon héritage.

Tu comprends, Crédo, continua le vieillard avec un tremblement furieux, l'un sera armé des droits de sa naissance et l'autre des droits de ma volonté; tu comprends, tous les deux amoureux de Signis, tous les deux avides, tous les deux jaloux, ils se déchireront l'un l'autre; ils se tueront, car, lorsque des frères se battent, c'est pour se tuer!

Va me chercher Michel...

Le vieillard s'était approché de l'armoire ouverte où le testament devait se trouver sans doute.

Othon suivait son père avec anxiété; car, à cette époque, si les meilleurs droits étaient contestés par la force, les plus mauvais y trouvaient un appui, et Othon, malgré les précautions qu'il venait de prendre pour son avenir, ne se souciait point de laisser créer contre lui cette prétention; mais le vieillard ferma brusquement l'armoire, et Othon, qui avait espéré un moment pouvoir s'emparer de ce testament, laissa échapper un geste d'impatience.

— Va me chercher Michel, dit le vieillard en se retournant, et justice sera faite.

Othon hésita un moment, mais il s'éloigna presqu'aussitôt, comme s'il eût craint de ne pas avoir le courage d'accomplir assez vite la pensée qui lui était venue.

CHAPITRE QUATORZIÈME.

Pour quitter l'appartement de son père, il lui fallait traverser la galerie où nous avons fait passer les premières scènes de ce livre ; les flambeaux s'étaient peu à peu éteints de façon qu'Othon se trouva dans une profonde obscurité.

Cependant il avait une connaissance assez exacte des lieux pour se retrouver aisément, lorsqu'en franchissant la balustrade il entendit auprès de lui un profond soupir et une sorte de murmure.

Othon eut peur, et ce mouvement d'effroi dans un homme d'un pareil courage eût prouvé, à quiconque eût pu en être témoin, combien devait être horrible la pensée qui l'occupait.

Quand l'esprit de l'homme médite de sinistres projets, protégé par la nuit et le silence qui l'enveloppe, il lui semble que la moindre lueur, que le moindre bruit qui trouble ce silence et éclaire cette obscurité pénètre aussi dans sa pensée et la devine.

Othon s'arrêta tout-à-coup comme saisi par une force surhumaine et il se mit à écouter. Il n'entendit rien d'abord; mais au moment même où il se décidait à quitter la galerie, un nouveau soupir, un murmure mieux articulé se firent encore entendre.

L'effroi de Terride fut moins grand, car il se rappela la remarque que Signis avait faite, il se rappela qu'elle prétendait avoir vu remuer le cadavre de Guillelmète.

Cette fille n'était-elle réellement point morte.

Othon se pencha vers le sol et ayant trouvé le corps, il sentit en effet que Guillelmète s'agitait pour se débarrasser de la robe de romieu qui la recouvrait.

Par un étrange prodige, la blessure que lui avait faite par hasard l'épée d'Othon avait déterminé une perte de sang qui avait suspendu l'asphyxie, qui avait donné à Guillelmète l'apparence de la mort et qui était le résultat de la strangulation.

Dans un premier mouvement d'humanité, Othon releva Guillelmète et la plaça sur une pile de coussins. Il allait même appeler du secours, lorsqu'il pensa que cet incident nouveau pouvait devenir un obstacle à l'exécution de son projet.

Peut-être le retour de Guillelmète pouvait-il changer les dispositions des hommes d'armes ; peut-être n'exigeraient-ils plus la mort de Guy de Lévis, et ouvriraient-ils sa prison.

En ce cas, le pacte conclu entre le chevalier français et le seigneur provençal existait toujours; mais le jeune Adhémar de Béziers lui échappait, et était-il bien assuré que Signis, accusée d'avoir voulu l'enlever, n'en rejetât pas le projet sur lui-même.

A mesure que ces objections se présentaient à l'esprit d'Othon, il se résolvait davantage à taire cet événement et à suivre le nouveau dessein qu'il avait formé.

Mais à peine s'était-il arrêté à cette résolution, que de nouvelles objections se présentèrent à lui :

Michel ne pouvait-il, en passant par cette galerie pour se rendre chez le vieux sire de Terride, entendre ces soupirs étouffés, appeler Manuel, son fils, ses amis et demander la liberté de

Lévis, qu'on lui accorderait peut-être, car en ce monde on punit bien plus souvent le résultat du crime que son intention.

Cette fille de race serve, et l'on a pu voir quel cas Othon faisait de l'existence des individus de cette classe, cette fille avait été déjà un obstacle à l'exécution du premier plan de Terride; et lorsqu'il l'avait modifié, il retrouvait encore cet obstacle bien involontaire sans doute, mais qui n'en était pas moins irritant.

Othon tenait encore le poignard qu'il avait ramassé dans la chambre de son père.

Qu'était-ce que frapper cette femme morte aux yeux de tous, empêcher de se ranimer une existence presque éteinte quelques instans auparavant ; le poignard fut levé.....

Mais presqu'au même instant Othon entendit un nouveau bruit près de lui.

Il écouta pour deviner de quel côté on venait, et, à la lourdeur traînante du pas, au murmure inarticulé qui sortait de la bouche de celui qui s'avançait, Othon reconnut son père.

— Elle dort, disait-il tout bas ; elle dort maintenant... bien ! bien !...

On eût dit que l'enfer envoyait à Terride des expédiens plus affreux les uns que les autres à mesure que de nouvelles difficultés se dressaient devant lui.

Il saisit comme une inspiration cette parole de son père et lui répondit :

— Oui, Monseigneur, elle dort ici...

— Où donc? fit le vieillard.

Othon s'approcha de lui, le conduisit près du lit où était Guillelmète, et posa sa main sur le sein de cette jeune fille.

— C'est elle! dit le vieux sire de Terride.

— Oui, répondit Othon...; c'est la comtesse Signis que vous cherchez.... Et Michel va venir, Michel que vous avez aussi condamné.

Le vieillard tressaillit.

Othon lui mit dans la main le poignard dont Crédo avait refusé de le frapper, et, sans s'occuper de ce qui pourrait arriver de cette horrible position, il s'éloigna rapidement et quitta la galerie.

Il n'y avait plus de doute pour lui sur les projets de son père; il voulait punir les coupables. Cette pensée du vieillard qui s'égarait au moindre choc d'une discussion, se redressait constante et entière dès qu'un moment de solitude lui permettait de la ramener à lui.

D'horribles événemens, d'épouvantables crimes pouvaient naître des rencontres que Terride avait préparées; mais il pouvait profiter des désordres qu'elles occasionneraient sans avoir l'air d'y prendre part, et le reste importait peu au froid et cruel ambitieux qui avait posé l'espoir de sa fortune sur la ruine d'un enfant.

Car ce n'était pas à d'autres fins qu'il voulait enlever l'héritier du vicomte de Béziers, en ayant soin toutefois que ce rapt retombât sur Signis ou sur le sire Guy de Lévis lui-même.

Mais il nous faut revenir aux événemens de cette nuit terrible, événemens qui eurent sur les événemens publics une influence que nul de ceux qui y prirent part ne pouvaient prévoir.

A une vingtaine de pas de la porte de la galerie, Othon, aux premières lueurs du jour qui commençait à paraître, aperçut un groupe d'hommes d'armes parmi lesquels se trouvaient Crédo, Manuel, ses fils et le maure Ben-Ouled.

Il s'approcha d'eux, et s'adressant à Crédo il lui dit :

— Crédo, va chercher dans la salle où il est enfermé avec les hommes d'armes du sire de Lévis, ce jeune homme qu'on nomme Michel.

— Que lui voulez-vous? lui dit Ben-Ouled.

— Va le chercher, Crédo, reprit Othon avec une dédaigneuse humilité, je t'en prie; quant à ce que je lui veux, je le lui dirai tout haut et devant vous, mes maîtres.

Va vîte, Crédo.... car voici le jour qui vient, et, je vous l'ai dit, je ne veux point assister à ce que vous appelez votre justice.

Crédo s'éloigna, et Manuel reprit :

— D'après ce que nous a dit Crédo, Messire, votre père touche à sa fin. Pourquoi quitter ce château qui peut être le vôtre ce soir ou demain?

— Tu n'étais pas au service de mon père, Manuel, lui dit Othon, lorsque j'ai quitté ce pays, sans cela tu saurais qu'alors comme aujourd'hui rien ne pouvait m'empêcher d'accomplir ce que j'avais résolu.

— Folie, dit le maure Ben-Ouled.

Hélas! j'ai vu revenir dans ce pays, un chevalier aussi brave qu'un homme puisse l'être sous ce ciel, aussi fort de cœur que de bras; il avait aussi une volonté de fer, et cette volonté aveugle et implacable n'a fait que le conduire à sa perte et à la perte de la province qu'il voulait défendre.

— Tu veux parler du sire de Saissac, sans doute, dit Othon; car le comte de Foix m'a raconté souvent cette épouvantable histoire; mais ne t'alarme pas pour moi, Buat, on ne me verra jamais combattre au milieu de nos ennemis pour les trahir comme il l'a fait.

— Ne dis pas un mot contre lui, sire de Terride; car il fut à la fois un héros et un martyr.

— Dieu sauve la province de pareils défenseurs! dit Othon.

Mais, voici Michel; écoutez-donc bien, mes maîtres, ajouta Othon avec mépris; écoutez bien ce que je vais lui dire, puisque vous êtes devenus les juges de vos seigneurs.

Michel s'approcha, et Othon le considéra avec une curieuse attention.

Michel était un pâle et beau jeune homme; son grand œil bleu avait une langueur charmante ; ses cheveux blonds encadraient une figure douce et suave; une intelligence élevée et calme brillait sur son front; et quoique nulle faiblesse ne parût dans son attitude, cependant, à cette époque où les apparences de la force étaient la première beauté et la première recommandation d'un homme, on eût pu accuser Michel d'avoir l'air efféminé.

« Voici donc mon frère, se dit Othon, celui à qui mon père destine ce terrible héritage qu'il n'a su défendre. En vérité, ce n'est pas la peine de l'envoyer au danger qui le menace. »

Cependant cette pensée s'effaça devant le regard froid et dédaigneux du jeune homme, qui lui dit :

— Pourquoi m'as-tu fait demander, sire de Terride, et quel ordre plaît-il au futur suzerain de ce château de me donner ?

— Je n'ai point d'ordre à te donner, dit Othon froidement ; mais j'ai à te transmettre ceux de mon père.

Crédo écouta d'un air curieux, et Michel sourit avec dédain :

— Les ordres de ton père, sire de Terride, et en quoi suis-je tenu de les respecter?

— Je l'ignore, dit Othon; mais moi, pour qui c'est un devoir d'obéir, je fais ce qu'il m'a commandé.

Mon père t'ordonne de te rendre immédiatement près de lui.

— Pourquoi?

— Je ne lui ai pas demandé, Messire. Je vous l'ai dit, j'obéis à mon père.

C'est un respect que je comprends que vous n'avez jamais appris.

Michel devint plus pâle encore et jeta à Othon un regard terrible.

— Nous nous reverrons, sire Othon de Terride!

— Où vous voudrez, maître Michel sans nom.

— Eh bien, lui dit Michel, puisque vous sortez de ce château, attendez-moi sur la route de Castelnaudary, je vous y aurai bientôt rejoint.

— Vous n'êtes pas encore libre, maître, lui dit Othon, à moins que ces braves gens ne veuillent vous délivrer, car ils sont les maîtres ici, ou bien que mon père ne vous ouvre les portes de ce château; mais je ne puis courir la chance de vous attendre trop long-temps. Ce sera pour une autre fois.

— Eh bien! je vous aurais rejoint plutôt que vous ne pensez, dit Michel, car je vais, de ce pas, demander ma libre sortie de ce château au comte, qui en est encore le maître.

Il fit un pas pour s'éloigner; mais Crédo, emporté malgré lui par ce qu'il savait, s'écria :

— Arrêtez, Messire, n'allez pas près du sire de Terride.

— Pourquoi cela? dit Michel froidement.

Crédo baisa la tête, et murmura sourdement :

— Allez donc, c'est probablement le Ciel qui le veut.

Un instant après, Othon franchissait la dernière poterne du château, et Michel entrait dans la galerie, encore obscure, malgré les premières lueurs de l'aube.

CHAPITRE QUINZIÈME.

Cependant le jour s'était levé et il s'était déjà passé près d'une demi-heure depuis qu'Othon avait quitté le château de Terride, lorsqu'il arriva à l'issue qu'il avait promis d'ouvrir au sire Guy de Lévis.

Les prisonniers l'attendaient depuis long-temps, et lorsque Guy vit s'ouvrir la porte, il s'avança vers Terride, en lui disant :

— Je commençais à craindre que quelque obstacle ne vous eût empêché de quitter le château.

— Le temps ne vous a pas paru plus long qu'à moi, dit Terride; et maintenant remettez-moi l'enfant que je vous ai confié, et que Dieu nous guide chacun dans notre voie.

Pendant que les deux chevaliers échangeaient ces paroles, Signis s'était avancée à travers les houx et les broussailles, et avait jeté autour d'elle un regard curieux et rapide.

— Michel ! s'était-elle écriée, où est Michel ?

— Michel n'a besoin de la protection de personne pour se sauver, répondit Othon ; n'est-ce pas le fils bien-aimé et préféré de mon père ? Et probablement à l'heure qu'il est le vieillard mourant lui lègue son héritage.

— Le fils préféré de ton père ! répéta Signis en se reculant. Tu es fou, Othon, ou tu veux cacher ta trahison sous un infâme mensonge.

— Si tu doutes de la vérité, dit

Terride, tu peux rentrer dans ce château qui, à ce moment, doit être au pouvoir de ton mari ou de ton amant.

Je t'avais promis la vie de Michel, mais je ne savais pas que c'était trop de présomption au fils déshérité de prétendre sauver le fils qui avait à la fois la tendresse du père et l'amour de sa belle-mère.

— Tout ce que tu dis là est impossible, fit Signis; tu m'as trahie, voilà tout, comme tu as trahi les Languedociens en sauvant le sire Guy de Lévis; ton ambition est ta seule loi.

— Comme ton amour coupable,

dit Othon avec dureté, est ta seule pensée.

Sire Guy de Lévis, c'est à vous que je m'adresse : ai-je tenu ma parole envers vous ? êtes-vous prêt à tenir la vôtre ?

Je n'aime point à faire d'inutiles menaces à un homme à qui je sais du courage ; mais n'oubliez pas que le secret de votre fuite m'importe autant qu'à vous, et que, si je ne me l'assure par votre prompt départ, la mort seule pourra suffisamment m'en répondre.

— Vous avez raison, sire de Terride, dit Guy ; prenez cet enfant, et nous nous éloignerons à l'instant même.

Guy se retourna alors vers Ermessinde sans daigner jeter un regard sur Signis, et il dit à la jeune fille :

— Ermessinde, êtes-vous prête à me suivre ?

Celle-ci lui montra sa mère qui, la tête penchée vers l'intérieur du souterrain, semblait écouter si nul bruit ne venait de ce côté.

— Appelez ma mère, dit Ermessinde, sire Guy de Lévis, appelez-la.

— Comtesse Signis, dit le chevalier français, il est temps de partir ; hâtez-vous.

— Non pas sans Michel ! non pas sans lui ! dit Signis avec désespoir.

Attendez, cet homme vous trahit.

Les deux chevaliers échangèrent un regard d'intelligence, et Othon reprit :

— Partez, messire Guy de Lévis; je me charge de déterminer la comtesse.....

Puis il ajouta plus bas :

— Sa fille en a déjà trop entendu, et un mot qu'il est inutile qu'elle sache jamais déterminera facilement la comtesse à me suivre.

— Partez, ma sœur, ajouta-t-il tout haut en s'adressant à Ermessinde; vous êtes avec votre époux, et je ne serais pas sûr de sa loyauté, que les précautions que j'ai prises me seraient un garant certain qu'avant huit jours il vous aura donné son nom.

Ermessinde cependant, tout en se laissant entraîner par Guy de Lévis, regardait sa mère qui, toujours l'oreille attentive, semblait entendre comme un bruit lointain dans le long souterrain qu'ils venaient de parcourir.

Tout à coup un éclair de joie brilla sur son visage, et elle s'écria, avec un accent de rage satisfaite :

— Ah! traîtres et lâches, on a découvert notre fuite, et on accourt de ce côté. On vient, entends-tu ?...

— Fuyez! s'écria Othon de Terride au sire Guy de Lévis, qui se hâta de descendre, avec Ermessinde, le rapide sentier de la colline.

— Les voici! les voici! reprit Signis en faisant un pas vers l'intérieur du souterrain, et en criant :

Au secours! Par ici, au secours!

Mais Guy, que cet appel alarmait, n'entendit pas ce cri se répéter plus long-temps; car Othon avait déjà repoussé l'énorme pierre qui barrait la porte, et avait laissé Signis enfermée dans ce cachot avec ceux qui venaient sans doute plutôt pour la punir que pour la protéger.

La suite de ce récit nous apprendra ce qui se passa dans cette occasion; mais nous devons, quant à présent, accompagner encore Othon de Terride pour montrer à nos lecteurs en quel état se trouvait alors la malheureuse province de la Languedoc.

A peine Othon avait-il fermé derrière lui la porte du souterrain, qu'il s'éloigna, emportant dans ses bras le jeune Adhémar, dont il ne pouvait calmer les cris. Cependant il arriva bientôt hors de la vue du château, gagna le pays du côté de Fanjaux, et là, s'étant procuré un cheval, il se mit en route de manière à arriver à Toulouse vers le milieu de la nuit.

Comme nous l'avons dit, Othon était parti de Beaucaire en suivant le littoral de la Méditerranée.

Arrivé dans les Pyrénées depuis deux ou trois jours seulement, et occupé pendant tout ce temps à parcourir les divers châteaux, qui n'avaient entre eux que de rares communications, et qui n'en avaient plus avec la capitale de la Languedoc, Othon, disons-nous ignorait complètement la marche rapide par laquelle Simon de Montfort s'était rapproché de Toulouse.

Quoiqu'il sût que le pays était toujours occupé par les troupes croisées commandées par les lieutenans de Simon, il s'étonnait de ne rencontrer nulle part sur sa route les indices du mouvement que devait avoir imprimé au pays la nouvelle de la rentrée à Toulouse de son légitime suzerain.

Malgré la précaution qu'il avait prise vis-à-vis de Guy de Lévis, il s'alarmait sérieusement à l'idée de s'être imprudemment jeté dans une cause perdue ; et il hésita un moment à rentrer dans Toulouse, lorsque arrivé à Caraman il apprit que toute l'armée de Montfort était campée jusque sous les portes de la ville.

Othon, malgré son ambition, n'était pas un homme qu'un danger plus imminent pouvait pousser à commettre une lâcheté.

Il considérait en toutes choses où était pour lui l'avantage, et non pas le risque.

Ainsi, après un moment de réflexion, Othon comprit que sa plus grande fortune était du côté du comte de Toulouse, et sans s'arrêter un moment à l'idée des périls où il s'engageait, il pénétra dans la ville et se rendit chez le célèbre bourgeois David Roaix, le centre de tous les complots contre les Français, celui qui seul avait osé résister à toutes les menaces de l'évêque, celui qui en ce moment encore prêtait secrètement sa maison au comte de Toulouse, et dirigeait, en qualité de Capitoul, l'administration des affaires de la ville.

Voici les événemens qu'Othon apprit en arrivant chez David, événemens qui semblèrent devoir perdre à tout jamais la Languedoc, et qui plus tard furent cependant les causes de sa délivrance.

Simon avait fait une telle diligence qu'après trois jours de marche il était arrivé à Montguiscard, où des courriers expédiés d'avance avaient convoqué toutes les troupes demeurées dans le Toulousain, ainsi que tous les hommes de guerre, chevaliers ou autres qui avaient reconnu sa domination.

Cela fait, il part au milieu de la nuit, et à la pointe du jour les Toulousains voient arriver une armée nombreuse à la tête de laquelle est portée la bannière au Lion-Rouge de Simon de Montfort. C'était cette même nuit que le comte était entré clandestinement à Toulouse ; et David Roaix se rendait au Capitole pour informer ses collègues de cet heureux événement, lorsqu'en traversant les rues il remarqua un étrange mouvement.

C'étaient de toutes parts des exclamations d'étonnement, la plupart mêlées de terreur, quelques-unes de joie; car, comme dans tous les pays livrés à une guerre si longue et si terrible, les habitans eux-mêmes s'étaient divisés.

Ceux qui avaient d'abord pris parti pour l'évêque Foulques et par conséquent pour Simon de Montfort pour ne pas être enveloppés dans l'accusation du crime d'hérésie, ceux-là d'abord, bien que leur lâcheté ne les eût pas beaucoup préservés des insultes et des exactions des Français, n'osaient cependant renier leur trahison, quoique le vieux Raymond eût été absous de l'accusation portée contre lui.

D'autres, dont la réputation ou la fortune étaient compromises au moment où les Français avaient paru pour la première fois, s'étaient faits les plus ardens partisans de la croisade, et ceux-ci ne s'étaient pas seulement compromis en reconnaissant Simon pour leur seigneur, mais encore en abusant de l'influence qui leur avait été accordée par le vainqueur, pour dénoncer et tyranniser ceux contre lesquels ils s'étaient fait des griefs d'une vieille dette poursuivie avec trop de rigueur, ou de quelque insulte qu'on ne leur avait pas pardonnée.

Donc ainsi que nous le disions, les uns annonçaient avec des cris de détresse l'arrivée des Français, tandis que d'autres criaient cette nouvelle avec un accent de menace.

David, à qui le comte de Toulouse venait d'affirmer avoir laissé Montfort et son armée devant Beaucaire, s'imagina que ce devait être quelques troupes demeurées sous les ordres d'Amaury son fils ou de Guy son frère, et se rendit immédiatement sur les remparts pour s'assurer de la vérité.

A sa grande surprise il reconnut que ces troupes qui arrivaient successivement en se déployant dans la campagne étaient plus nombreuses que toutes les bandes des lieutenans de Montfort réunies ensemble, et lorsqu'un écuyer vint planter en face de la porte de Sabra le pennon au Lion Rouge, il ne douta point que ce ne fût Montfort en personne qui ne fût ainsi soudainement arrivé.

CHAPITRE SEIZIÈME.

Cette coïncidence avec le voyage du comte, fit croire dès l'abord à David Roaix que Montfort avait été averti des projets du vieux Raymond, et, au lieu de se rendre au conseil pour y porter la nouvelle de l'arrivée de son seigneur, il regagna promptement sa maison, afin de mettre le comte en sûreté.

La manière dont se passsèrent les événemens de cette journée est si étrange et si rapide, que nous sommes obligés de la raconter pour ainsi dire heure à heure.

Avant que David Roaix fût arrivé sur le rempart, déjà bon nombre des habitans de la ville, et parmi ceux-là des plus riches et des plus nobles, s'étaient avancés en dehors pour reconnaître à quelles intentions cette armée s'épandait régulièrement et en bataille autour de la ville.

A mi-chemin à peu près des murs et des premières lignes, ils rencontrèrent leur évêque Foulques, celui-là même qui avait été si rudement traité par le comte de Foix, piquant de l'éperon, comme dit la chronique, ainsi qu'un chevalier, et semant sur son passage les bénédictions et les paroles :

— Allez, leur disait-il, allez, mes enfans; car ce jour sera marqué comme heureux et grand dans les fastes de Toulouse.

Voici le véritable seigneur que Dieu, l'Église et moi, nous vous avons donné; il vient, le cœur plein de bons sentimens, les mains pleines de richesses, pour embellir et enrichir sa belle et riche ville de Toulouse.

Allez tous lui rendre grâces; car les premiers arrivés resteront dans sa mémoire pour l'heure où il répartira les biens de ceux qui auront encouru sa colère.

L'astucieux prélat pousse ainsi vers Montfort tous ceux qu'il rencontre sur la route et qui s'approchaient avec timidité; cela fait, il s'éloigne, gagne la ville, et, une fois qu'il en a franchi les murs avec la troupe nombreuse qui le suit, il continue la même comédie, aidé de l'abbé de Saint-Sernin, vénérable vieillard, en l'honneur duquel la population toulousaine avait foi, oubliant trop que la naïve simplicité du vénérable abbé avait plus d'une fois servi la fourberie de l'évêque jongleur.

Il arriva ainsi qu'en peu de temps un nombre considérable d'habitans, de barons, de chevaliers, s'étaient avancés imprudemment assez près de l'armée de Montfort pour être en un moment enveloppés et conduit devant lui.

Cependant David Roaix, ignorant ces événemens qui se passaient avec une singulière rapidité, se rend au Capitole, où il trouve ses collègues qu'il avait fait convoquer dans la nuit pour une communication bien différente.

Tous inquiets, mais aucun ne soupçonnait encore ce qui se passait hors des murs, lorsque tout à coup arrive don Péron Domingo, l'Aragonais, qui s'illustra d'une façon si éclatante dans cette cruelle guerre, criant trahison, et apportant la nouvelle que plus de mille habitans de la ville, tant nobles que bourgeois ou hommes du peuple, sont au pouvoir de Simon de Montfort, ainsi que beaucoup de femmes et de demoiselles, dont les unes avaient suivi leurs frères ou leurs pères par curiosité.

A ce moment et sans qu'aucune délibération fût prise, par un mouvemement unanime de colère et de rage, tous les capitouls s'élancent en dehors en criant :

— Trahison ! aux armes ! aux armes !

A ce cri qui se propage avec la rapidité de la foudre, quelques hommes et David Roaix en tête, se précipitent vers la porte de Sabra. Mais la porte, surprise par la troupe qui avait suivi l'évêque, avait déjà livré passage à plusieurs escadrons de Français et de Bourguignons qui s'étaient répandus par la ville.

Ces hommes, épouvantés par ce cri universel qui retentissait d'un bout de la cité à l'autre, s'étaient déjà jetés, les uns dans le palais du comte de Comminges, les autres dans l'église de Saint-Sernin. L'intrépide David Roaix arrête un moment l'effort des nouveaux arrivans, et il envoie Domingo pour avertir ceux de la ville que ce n'est plus aux remparts, mais dans la ville même qu'il faut la défendre.

Alors (et nous laisserons parler la chronique elle-même), s'assemblent de toutes parts, courant ou éperonnant, chevaliers et bourgeois, servans et valets.

Chacun d'eux apporte l'arme ou l'armure qu'il trouve, soit un armet, un pourpoint de mailles ou un gonion, soit une hache émoulue, ou une faucille, ou un javelot, soit une bonne épée ou un bâton, soit un couteau ou une lance.

Et lorsqu'ils sont tous réunis entre eux, le père avec les fils, les dames avec les demoiselles, les nobles avec les pauvres, ils commencent, chacun devant sa maison et à l'envi les uns des autres, à élever des barrières.

Les bancs, les coffres, les cuves, les pieux, les tonneaux roulans, les poutres, les chevrons, sont montés de terre sur les tables et des tables jusqu'aux balcons.

Partout se dressent ces barrières partielles, cette défense pour chaque logis; et pendant ce temps, les trompettes qui sonnent, les cris des hommes et des enfans, le bruit des meubles qu'on entasse, font un si grand tumulte qu'il semble que toute la ville tremble, craque et va s'abîmer.

Alors et tout à coup le nombre des assaillans ayant enfin vaincu la résistance de l'intrépide bourgeois David Roaix, on entend résonner dans la ville le cri de *Montfort!*

Toulouse et Beaucaire! répondent ceux de la ville, et la lutte commence.

Les lances et les épées s'entrechoquent, les cailloux, les tisons brûlans pleuvent sur les assaillans, venant de droite, de gauche, devant, derrière, brisant les heaumes et les casques, les écus et les arçons.

Si bien que ceux de la ville repoussent trois fois le comte Guy, le frère de Montfort et ses hommes, les premiers qu'il avait envoyés à l'attaque.

Le rapport en est fait à Simon de Montfort, qui, furieux, s'écrie dans sa rage impuissante :

— Que le feu soit mis partout!

Alors les torches et les brandons sont allumés, on les lance contre les barricades qui s'enflamment, et en même temps le feu est mis à Saint-Rémizy, à Jouxaigues, au palais Saint-Estève.

Mais les Toulousains font face à ce nouvel ennemi. Les hommes combattent, les femmes apportent l'eau et éteignent le feu; les bourgeois sont partout; ceux-ci repoussent Montfort, et ceux-là assiégent la tour Mascaron et le palais de l'évêque, où les amis de Montfort se sont enfermés.

Trois fois encore Simon de Montfort se présente à la porte de Sabra, et trois fois il est repoussé par David Roaix et le terrible Domingo.

Les barrières sont incendiées; mais

les bourgeois combattent au milieu du feu, et les Français ne peuvent avancer.

La rage de Simon de Monfort s'accroît, et, ne pouvant franchir ce passage défendu avec tant de vaillance, il court vers Saint-Estève, que le feu envahit de toutes parts, et où il suppose le désordre plus grand.

Là, en effet, toutes les barrières, enflammées les unes après les autres, brûlaient dans toute la longueur de la rue de Baragnon.

Nul bourgeois n'avait pu y tenir, et tous s'étaient retirés, jusqu'au plan lui-même. Mais l'incendie les protégeait en les assiégeant ; car nul homme au monde n'eût osé traverser cet incendie, qui flambait à terre, qui flambait des deux côtés le long des maisons.

Nul homme ne l'eût osé, excepté Montfort. Il lance son cheval arabe, couvert de fer, à travers l'incendie ; le Lion, c'était le nom de son cheval, brise de son fort poitrail les poutres que le feu n'a pas encore entièrement consumées ; Montfort le lance plus rapide au milieu de ces flammes ; suivi des siens, qui auraient eu honte de rester en arrière d'un si noble chef, et tout à coup il paraît aux yeux des Toulousains sortant de l'incendie comme la foudre de l'éclair enflammé, frappant de sa terrible épée, tuant à chaque coup qu'il frappe, et faisant retentir l'air de son cri de guerre :

— *Montfort, pour Dieu!*

C'eût été l'heure de la ruine des Toulousains, à cette surprise, si, parmi ceux qui occupaient la place, ne s'étaient trouvé les braves bateliers de la ville, les plus intrépides des corps marchands.

Ils opposent leurs crocs de fer aux lances des chevaliers; et, les saisissant par leurs casques, par leur gorgeret, par leurs visières, ils les tirent avec tant de force qu'ils les désarçonnent et les laissent par terre, foulés aux pieds de leurs propres chevaux.

Tantôt la foule, repoussée par les chevaliers, reflue comme la mer vers un coin de cette place, qu'entoure l'incendie; tantôt elle se lance plus furieuse contre Simon de Montfort et le refoule à son tour.

Enfin David Roaix reparaît encore, et avec lui la rage du courage qui l'anime; il paraît, et en quelques minutes Simon et les siens, acculés dans la rue, sont obligés de tourner bride et de prendre la fuite.

Furieux de sa défaite, Simon se précipite vers la porte Sardane; mais là encore ces hommes, montés sur leurs chevaux de fer, ne peuvent atteindre ceux qui les reçoivent, du haut des fenêtres, avec les tuiles et les poutres des toits, avec les pierres des murs, avec les portes arrachées à leurs gonds, et qui pleuvent sur eux.

Enfin la nuit vient, et Simon, désespéré, sort de la ville et va regagner lentement sa forteresse.

Il rentre au château narbonnais gardé depuis long-temps par les hommes de l'évêque Foulques; il y rentre la rage dans le cœur, la pâleur sur le visage et la menace à la bouche, et il ordonne qu'on amène devant lui les barons et les bourgeois dont il s'est traîtreusement emparé le matin.

Cependant les bourgeois sont restés maîtres de la ville, ils éteignent l'incendie, rétablissent les barrières, et attendent debout que le jour leur amène de nouveaux combats.

Hélas! ce jour ne devait leur amener que de nouvelles trahisons.

CHAPITRE DIX-SEPTIÈME.

Si l'histoire n'était là pour prévenir le doute à cet égard, on n'oserait jamais croire qu'après tant de perfidies cruelles de l'abbé Foulques, cet homme pût encore tromper les Toulousains; c'est cependant ce qui arriva.

A peine le combat dont nous avons fait le récit était-il terminé, que l'évêque envoie aux habitans de la ville messagers sur messagers; ce n'est pas pour leur demander de prime-abord de se soumettre, mais pour leur faire dire qu'ils ont bonne chance de traiter avec le comte de Montfort; ce n'est pas non plus pour leur proposer d'être leur intermédiaire, mais pour les engager à tenir dans la maison commune une assemblée, où va se rendre l'abbé de Saint-Sernin, qui a été toujours favorable à la cité.

La nécessité de s'entendre, peut-être plus encore que les paroles de l'évêque, détermina David Roaix à convoquer les nobles, les barons et les bourgeois qui stationnaient armés chacun dans son quartier, chacun devant sa maison; car les combats divers de cette nuit, quoiqu'ils eussent eu partout pour résultat d'expulser les Français, n'avaient eu aucune relation entre eux.

C'était l'effort particulier de quelques hommes, et il était temps de songer à organiser une défense générale et mieux combinée.

Donc, dès l'aube du jour, tous ceux qui avaient le droit d'assister au conseil de la ville se rendirent au palais communal; ils y trouvèrent l'abbé de

Saint-Sernin, assis entre le prieur de son ordre et maître Robert, savant légiste, vendu à l'évêque Foulques, et qui n'avait d'autre mission en cette circonstance que de souffler au crédule abbé les paroles et les sermens par lesquels il devait tromper le conseil.

Aussi, à peine David Roaix avait-il commencé à rendre compte de l'état de la ville et des moyens de résistance qu'elle avait encore, que l'abbé se lève en disant :

— A quoi sert de vous occuper de vous défendre contre qui ne veut point vous attaquer ?

— Pourquoi ? s'écria vivement David Roaix qui craignait les paroles de l'abbé ; pourquoi Montfort est-il donc venu avec une armée se poser insolemment en face de la ville, et pourquoi lui et ses hommes ont-ils voulu enfoncer violemment les portes?

— Ce que tu dis-là, David Roaix, répliqua l'abbé, est un insigne mensonge ou une fatale folie :

Le comte Simon, en se rendant en Gascogne où Roger Bernard de Foix excite le pays à la révolte, a passé devant Toulouse, parce que Toulouse était sur son chemin ; un certain nombre de ses hommes sont entrés dans la ville, parce que, comme suzerain reconnu par la sainte Église, reconnu par vous-mêmes, il a droit d'albergue pour lui et mille de ses chevaux; si donc le sang a coulé, si une horrible mêlée a eu lieu, la faute en est à ceux qui, à l'aspect de ses troupes, ont crié trahison et fait un appel aux armes; en cette circonstance les Français n'ont point attaqué, mais ils se sont seulement défendus.

Faut-il que cette fatale méprise soit un prétexte de guerre implacable? Le glaive est tiré des deux côtés, l'extermination va planer sur cette ville; heureusement votre vénérable évêque a expliqué les choses au comte Simon notre seigneur, comme je viens de vous les expliquer ; il lui a montré que c'était des deux parts un malentendu, et il a reconnu que si l'alarme vous a pris trop vite, la colère l'avait emporté trop chaudement.

Cependant il avait, pour suspecter vos bonnes intentions, des raisons que vous n'aviez pas contre lui; il sait, à n'en pouvoir douter, que, malgré vos sermens, quelques-uns des bourgeois de cette ville, de ceux que la clémence ni la rigueur ne sauraient jamais soumettre, avaient gardé des intelligences avec le vieux comte Raymond ; qu'enhardis par la tentative désespérée de son fils, ils organisaient une révolte contre l'Église qui a donné Toulouse au comte Simon, et la preuve de ce que j'avance, c'est que dans le cri de guerre qu'ils faisaient entendre cette nuit ils unissaient ensemble Beaucaire et Toulouse; mais tout cela sera oublié, et si c'est chose qui vous agrée et vous plaise, un accord sera fait entre vous et Montfort.

Celui-ci est déjà repentant et chagrin du dégât que cette nuit a causé à la ville de Toulouse, qui est la plus belle fleur de sa couronne.

Il faudrait qu'il fût insensé pour vouloir exterminer et détruire la plus noble et la plus riche cité de toute la terre après Rome, la mère des villes.

— Seigneur, répondit David Roaix, pardonnez-nous si nous n'avons aucune foi en la parole de notre évêque; il a toujours été pour nous une cause de calamité. D'ailleurs, ce n'est point une méprise qui a amené le combat d'hier; ça été la trahison de Simon, qui s'est violemment emparé des habitans qui étaient allés, par simple curiosité, regarder son armée.

Ma conclusion est donc qu'il n'y a d'accord possible et même de pourparlers possibles pour arriver à cet accord qu'autant que Simon nous aura rendu tous ceux qu'il tient par fraude enfermés dans son château narbonnais.

— Si vous voulez les réclamer, dit l'abbé, venez en la tour Villeneuve, qui appartient à votre évêque, et qui est terrain neutre, et ils vous seront rendus.

— Soit, dit le noble Aimeric de Narbonne; moi et les principaux de ma famille nous irons; car ils m'ont pris ma fille et son mari don Lara, ils m'ont pris mon plus jeune fils Philippe, et je n'ose penser qu'un noble chevalier ait la volonté de retenir prisonniers ceux qu'il n'a ni combattus ni vaincus.

Quels sont ceux de la noblesse ou de la bourgeoisie qui consentent à m'accompagner?

L'autorité d'Aiméric de Narbonne était grande, et il la devait autant à son courage qu'à ses vertus.

Personne n'osa penser que sous sa sauvegarde on pouvait courir le moindre risque, et plusieurs des plus nobles chevaliers, plusieurs des plus riches bourgeois se présentèrent pour l'accompagner.

— Ne viendras-tu pas avec nous, David Roaix, dit Aimeric, toi le premier de la ville?

— Je n'irais pas près de Foulques ou près de Montfort, répondit brutalement celui-ci, eussé-je Notre Seigneur Jésus-Christ à mes côtés.

Il n'y a pas de traité ni de transaction possible entre Toulouse et Montfort.

Ceux qu'il a pris sont comme les agneaux enfermés à la boucherie, et vous pouvez leur dire adieu; mais c'est trop de folie d'aller accroître le troupeau.

— Dieu t'a frappé de sa malédiction, David Roaix; car tu ne vois partout que crime et trahison.

— Dites plutôt que Dieu vous a frappés d'aveuglement, vous tous, qui ne voyez pas que vous n'avez qu'extermination à attendre de cette race ennemie.

Appartient-il à quelqu'un ici, même à vous, noble Aimeric de Narbonne, d'oser compter sur ce que vous êtes pour croire qu'on respectera votre personne, lorsqu'on n'a pas respecté le vaillant vicomte de Béziers attiré dans un piége pareil.

— Je lui donne ma parole et ma garantie, dit l'abbé.

— Roger avait celle de Nevers qui valait celle de tous les prêtres du monde, et elle n'a servi de rien.

— Voilà, dit le légiste Robert, voilà les hommes qui appellent la ruine sur les populations par leurs blasphêmes et leurs résistances insensés.

Venez à Villeneuve, bourgeois et barons, vous y verrez l'évêque; et si sa parole ne vous touche pas, si ses offres vous paraissent suspectes, vous serez libres de rentrer dans la ville, et vous pourrez faire dans quelques heures ce que vous voulez faire maintenant.

— Nous y allons sur votre foi, seigneur abbé, dit Aimeric de Narbonne, et nous pensons que Montfort respectera la garantie de ceux qui ont été ses fidèles appuis.

— Croyez, dit l'abbé de Saint Sernin, qu'il ne serait pas assez audacieux pour rien faire contre notre volonté; car, s'il l'osait, l'Église pousserait un tel cri contre lui qu'il serait bientôt exterminé.

A l'instant même Aimeric de Narbonne et plusieurs des plus nobles barons s'acheminèrent vers Villeneuve, accompagnés des bourgeois de la commune à qui déplaisaient l'autorité et la bonne réputation de David Roaix.

On a peine à croire, après ce qui s'était passé la veille, qu'une fois au champ de Villeneuve les chevaliers provençaux n'aient pas compris qu'ils avaient été entraînés dans un nouveau piége, et qu'ils ne se soient pas retirés en toute hâte vers la ville.

Mais, d'après un récit catalan, il

se passa à ce moment une singulière comédie de la part de Foulques.

Dès qu'il aperçut les chevaliers précédés de l'abbé de Saint-Sernin et de maître Robert, il s'avança vers eux en pleurant et en se lamentant.

Un clerc le suivait, portant un sac de cendres dont il prenait des poignées qu'il se jetait sur la tête, en tombant de temps en temps à genoux, et levant les mains au ciel avec de grands cris :

— Mon cœur est contristé, s'écriait-il ; mes entrailles sont déchirées.

Nous sommes venus vers Toulouse, la fleur des villes, pour y apporter la paix et l'abondance, et voilà que le démon a soufflé la guerre entre les frères et les alliés; le comte est irrité, et vous voilà tous armés comme pour le combattre.

Voulez-vous donc que je meure de désespoir? et certes je mourrai, si vous ne mettez bas les armes, comme Simon a dépouillé sa colère. J'en ai fait le vœu, et vous pouvez voir que j'ai dessein de l'accomplir;

Suivez-moi, et voyez à quelle extrémité vous avez réduit celui qui vous porte dans son cœur comme ses enfans.

En parlant ainsi, et en continuant

à témoigner une douleur frénétique, il entraîna tous les chevaliers à sa suite au-delà des bornes du champ, et, leur montrant une fosse ouverte à quelque distance, il s'écria :

— C'est là, c'est là que je vais me coucher dans l'éternité, si vous n'êtes pas sensibles à mes larmes et à mes prières.

Il y court et se précipite dans la fosse.

Les chevaliers, par un mouvement instinctif, s'élancent après lui, et l'évêque, continuant ses contorsions, les tient arrêtés au bord de cette fosse par ces paroles :

— Couvrez-moi de terre, brisez mes os, étouffez ma voix, puisque vous n'avez plus foi en mes paroles, puisque vous ne me croyez pas lorsque je vous dis que le comte n'est venu à Toulouse que pour votre bonheur et votre sécurité.

Certes, de pareils actes de la part d'un évêque doivent nous paraître bien étranges ; mais ce qui est plus inconcevable encore, c'est qu'au moment même où il menaçait de mourir, parce qu'on n'avait plus de foi en lui, des hommes d'armes s'étaient glissés derrière le groupe des chevaliers, et les servans de Simon, armés de petits bâtons blancs, en touchaient déjà les barons toulousains en leur disant :

— Vous avez dépassé les limites du champ où devait se tenir le Parlement; vous êtes les prisonniers du comte de Montfort.

Quelques-uns voulurent mettre l'épée à la main et résister, mais il n'était déjà plus temps ; et Foulques, sortant de sa fosse, se mit à leur dire d'un ton furieux :

— Ah! traîtres et chiens, qui êtes restés les partisans du comte de Toulouse et du comte de Foix, qui m'ont si insolemment insulté dans le concile de Latran, je vous tiens à mon tour;

et si votre véritable seigneur, le comte Simon, en croit ma parole, pas un de vous ne tirera désormais l'épée contre lui et la langue contre moi *.

* Ne tirara l'espazo contr'el et la lengo contro y ou.

CHAPITRE DIX-HUITIEME.

Ces nouveaux prisonniers furent conduits dans le château narbonnais et entassés dans une cour avec tous ceux de la veille.

Nous ne répéterons pas ici le touchant récit de la chronique sur les souffrances et les lamentations de ces malheureux qui demeurèrent deux jours entiers, femmes, enfans et vieillards, sans abri et sans nourriture; nous ne rapporterons pas les féroces paroles de Montfort qui, du haut d'une fenêtre, les menaçait à chaque instant de mort si la ville ne se rendait pas. Nous dirons seulement que c'en était fait, à partir de ce moment, de la cause de Toulouse.

La plupart de ses habitans avaient parmi ces prisonniers des parens ou des amis que la résistance de la ville eût condamnés à une mort certaine.

On ouvrit les portes, et, par une précaution qui eût dû avertir les Toulousains de la cruauté des projets de Montfort, des messagers envoyés par lui, et porteurs de listes dressées par l'évêque Foulques lui même, allèrent de quartier en quartier, de maison en maison, appelant les principaux habitans, les femmes comme les hommes, et les envoyant au château narbonnais où Montfort continuait à les entasser.

Ainsi la ville fut dépeuplée de tous les nobles qui eussent pu organiser la résistance.

Et quant au bourgeois David Roaix, dont l'autorité était égale à celle des plus puissans, il avait disparu immédiatement après le conseil, où Aimeric de Narbonne s'était décidé à aller au rendez-vous proposé par l'évêque.

Ce fut le soir de ce jour où Toulouse se trouva à la complète merci de Simon, sans qu'il eût daigné occuper la ville, que le sire de Terride y arriva avec le jeune Adhémar de Béziers.

Il y pénétra d'autant plus facilement que, comme nous venons de le dire, Simon n'y avait point envoyé de gardes; car il disait, en regardant ses nombreux prisonniers et en raillant maître Allard, ingénieur fameux pour la construction des remparts et des machines :

— Je suis plus habile que vous, Messire, car j'ai enfermé Toulouse dans la cour de mon château.

On avait donné à Othon de Terride des indications assez précises pour qu'il pût trouver la maison de David Roaix, il y arriva donc sans avoir à parler à personne.

Il frappa vainement à la porte qui ne s'ouvrit point ; seulement lorsque, après plusieurs tentatives inutiles, il fut prêt à s'adresser à une maison voisine, la voix d'un homme qui passait se fit entendre et lui dit :

— Y vois-tu clair dans la nuit?

— J'y vois clair, répondit Othon,

parce que je marche dans la voie du Seigneur!

— Suis-moi donc, lui répondit cet homme, car je suis son flambeau !

Othon lui obéit, et ils marchèrent ainsi pendant près d'une heure, et finirent par arriver à l'extrémité de la ville, dans une petite masure qui semblait abandonnée.

C'est là qu'Othon trouva David, le comte de Toulouse et quelques autres chevaliers, de ceux qui avaient rempli une mission pareille à celle de Terride.

Quand celui-ci écouta le récit de l'héroïque résistance des habitans, et que parmi les faits d'armes que chacun racontait à l'envi, il n'entendit pas prononcer une seule fois le nom du vieux comte; qu'il apprit que le seigneur de cette cité, qui se battait si vaillamment, ne s'était montré à aucun endroit, il dit alors :

— Sire comte, j'étais venu ici pour accuser, mais je vois que j'aurais tort envers ceux que j'ai traités en votre nom de félons et de traîtres.

En effet, nul des châtelains que vous m'avez chargé de visiter n'a voulu s'armer pour votre cause, et je comprends maintenant qu'ils aient eu raison lorsque j'apprends de quelle façon vous secondez ceux qui meurent pour vous.

Le vieux comte Raymond se contenta de répondre par un triste sourire à ce reproche, tandis que David Roaix s'écriait avec colère :

— Tais-toi, chevalier maudit, car nous te connaissons pour être le même qui a été condamné il y a vingt ans comme félon; tais-toi et n'insulte pas à ton seigneur, lorsque le malheur pèse sur lui.

Si le comte de Toulouse n'a point pris part à ce combat, c'est que, à l'heure où je l'ai prévenu, je l'avais mis déjà dans l'impossibilité de s'y mêler.

Un homme de plus importe peu dans la bataille; mais ce qui importe, c'est que notre droit reste vivant dans la personne du comte, et aujourd'hui, tout tristes et tout vaincus que nous sommes, nous demeurons encore plus forts vis-à-vis de Montfort, par le seul fait de l'existence du seigneur légitime de cette cité, que si la cité elle-même et ses remparts étaient en notre possession.

— Puisque vous trouvez cela juste et bien, maître David, je n'ai plus rien à dire; mais je ne m'étonne pas qu'on exige si peu de la valeur des chevaliers, quand ce sont les bourgeois qui sont les juges de leur honneur.

— Tu jugeras mieux ce qu'ils exigent, quand tu auras vu ce qu'ils font, sire de Terride, car ce combat n'est pas le dernier de cette guerre, et tu pourras y venir regarder, si cela te plaît.

Mais tu avais une autre mission que de convoquer les chevaliers à une prise d'armes.

As-tu découvert l'héritier du noble vicomte de Béziers? et cet enfant...

— Cet enfant, dit Terride, n'est qu'un orphelin qui m'a été confié par mon père.

L'héritier du vicomte est au pouvoir des Français, et il a été enlevé la nuit dernière par le sire Guy de Lévis, grâce à la trahison de la comtesse Signis, la femme de mon père.

Le comte de Toulouse regarda Othon d'un air sévère.

— Sire de Terride, lui dit-il, si mon fils ne m'avait raconté cent fois avec quel courage persévérant et héroïque tu l'as secondé dans son rude chemin à travers la France ; si je ne t'avais vu moi-même combattre à Beaucaire, parmi les plus vaillans, je m'épouvanterais du mensonge que tu oses prononcer avec tant d'audace et d'impudence.

Le nom du vicomte est écrit sur le

visage de cet enfant pour tous ceux qui ont connu son père; c'est là le véritable héritier du noble Roger, et les malheurs de ce pays ne nous ont pas tellement séparés les uns des autres, qu'il n'y ait ici quelqu'un qui ait connu cet enfant, il y a moins d'un an dans le château du comte de Foix.

Quels étaient donc tes projets en voulant nous soustraire cet enfant sans défense ?

Othon hésita à répondre, mais il prit un air de dédain et répliqua :

— Tu as dit le mot, noble comte, je voulais le soustraire à l'influence de chevaliers dont les uns lui enseigneraient la révolte, et d'autres la lâcheté.

Je voulais vous le soustraire enfin, pour le remettre entre les mains de ton fils, comme le gage de l'obéissance de tous les suzerains qui relèvent de lui.

— C'est à ce titre que je le garde, dit le comte, car je suis encore le maître et le seigneur de la Languedoc, quoique toi et plusieurs de ta sorte aient jusqu'à présent feint de m'oublier, pour mettre mon fils en avant et l'élever à ma place; mais ni les uns ni les autres n'y réussiront.

Ennemis venus de l'étranger, ennemis sortis de mes comtés, ennemis caché dans ma famille, je vous vaincrai tous.

L'accent avec lequel le vieux comte prononça ces paroles était si impératif, si souverain, que Terride ne répondit pas, et le comte continua :

— Tu iras dire à mon fils, et c'est une mission que tu rempliras comme je te la donne; tu lui diras qu'il se tienne enfermé dans la ville de Beaucaire, sans étendre plus loin sa conquête, jusqu'à ce qu'un ordre de moi lui dise ce qu'il a à faire.

— Je lui ferai cette recommandation, dit Othon, mais je doute que le jeune lion obéisse.

— Il obéira, repartit Raymond, ou j'irai le museler moi-même. L'heure n'est pas encore venue où les enfans commanderont aux barbes grises.

— Mais l'heure est venue, dit Terride, où les hommes forts sont las d'obéir à des seigneurs lâches et tremblans, et je ne te remettrai point cet enfant.

Le comte fit un signe, et Terride fut immédiatement saisi et désarmé.

— Ici comme au palais narbonnais, je suis le maître, dit le vieux comte, ici comme au palais narbonnais il y a des cachots et des puits sans fond pour faire taire ceux qui ont la langue par trop insolente.

Écoute et tu décideras ensuite toi-même de ton sort, car j'ai une autre mission à te donner.

Alors, et comme s'il eût été véritablement dans toute sa puissance et assis sur son trône, il donna à chacun des ordres qu'il devait exécuter durant son absence; il recommandait l'apparence d'une complète soumission.

— Nous avons été prévenus, disait-il, et ce serait folie que de tenter un soulèvement.

A mesure qu'il disait à chacun en quel endroit il devait aller, celui-ci partait aussitôt et s'éloignait, si bien que peu à peu il ne resta plus dans la masure que le comte, David Roaix, Othon et l'enfant.

— A nous, maintenant! dit Raymond; suis-nous, messire Othon, j'ai à te donner quelques instructions.

Othon, demeuré seul en face de deux hommes seulement, pensa que véritablement, comme l'avait dit le comte, son sort était entre ses mains; mais ce n'était pas comme l'entendait Raymond.

— Marche, près de moi, lui dit le comte; car à peine sortis de la ville il faudra nous séparer, et je n'ai que le temps nécessaire pour te dire ce que tu dois faire.

Othon obéit.

Le comte de Toulouse, baissant aussitôt la voix, lui dit :

— Tu es bien imprudent, toi que je croyais un homme sage, de parler comme tu l'as fait; non pour ce qui me touche, grâce à Dieu j'ai assez de blessures au corps pour qu'un reproche de lâcheté ne puisse m'atteindre; mais ne vois-tu pas que l'insubordination des nobles et leurs divisions augmentent incessamment l'ambition et la vanité des bourgeois qui menacent de tout envahir ?

Non, je ne me suis pas mêlé à ce combat; non, je ne m'y serais pas mêlé, eût-il dû amener la défaite et la ruine de Montfort ; car cette défaite et cette ruine eussent été l'œuvre des capitouls et de ce fier bourgeois qui marche derrière nous, et je n'eusse repris Toulouse que pour y obéir au Parlement de la commune.

Je ne veux pas de mes comtés à ce prix.

Si donc je me suis montré sévère envers toi, c'est pour obtenir leur obéissance ; et maintenant n'oublie pas que si ma parole est dure et mon geste impérieux quand nous nous séparerons, ce sera non pour t'offenser, mais pour tromper ce David que je hais, mais dont j'ai besoin.

Othon ne répondit pas et dit :

— Mais l'enfant ?

— Je vais en Espagne; je suis un vieillard sans force, les Pyrénées ont des passages difficiles...

— Soit, Monseigneur comte, dit Othon, j'aime mieux que ce soit vous que moi.

En parlant ainsi, ils arrivèrent aux portes de la ville, et David Roaix s'étant approché d'eux demanda de quel côté ils comptaient se diriger.

Le comte prit David Roaix à part, et le flattant dans son ambition comme il venait de flatter Othon :

— Oh! lui dit-il, si je n'avais besoin de lui pour porter mes ordres, je le livrerais à ton épée; mais patience, David, nous avons tous deux les mêmes griefs, et le jour où je pourrai reconnaître ceux qui m'ont fidèlement servi, il y aura plus d'une terre et d'une châtellenie qui passera des nobles aux bourgeois.

Le comte, allant ainsi de l'un à l'autre, arriva enfin sur une hauteur d'où ils pouvaient apercevoir, aux premières clartés du jour, l'armée entière de Simon.

— C'est ici, dit-il tout haut à Othon, que je dois te dire ma dernière volonté; souviens-toi bien des paroles dont je me sers pour les répéter à mon fils à ton arrivée à Beaucaire.

« J'ordonne à Raymond que le lendemain du jour où tu seras près de lui, il renvoie à Rome celle qui l'a suivie. Dis-lui bien que si la comtesse Régina de Norwich reste un jour après ton arrivée dans les murs de Beaucaire, ma malédiction tombera sur lui, et que jamais il ne sera reconnu ni par moi, ni par ma noblesse, ni par ma bourgeoisie comme seigneur de la Languedoc.

— J'obéirai, dit Othon.

ÉPILOGUE.

Il avait à peine prononcé cette parole, qu'un léger tumulte se manifesta dans le camp placé à quelque distance d'eux.

Des hommes en foule s'élancèrent vers Toulouse ; la plupart n'était point des soldats; mais on ne pouvait guère deviner quel était leur dessein.

Le comte, prêt à partir, s'arrêta, et se tournant vers David Roaix :

— Toi qui a des yeux plus jeunes que les miens, dis-moi quelles sont ces troupes qui vont occuper notre ville?

— Restez, Monseigneur, dit Othon, dont la vue perçante avait découvert quels étaient les instrumens dont ces hommes étaient armés, et Dieu veuille que votre bon droit, resté vivant en votre personne, ait une défense qui vaille celle que vous allez perdre.

David Roaix parut ne pas comprendre le sens de ces paroles; mais une demi-heure n'était pas écoulée que cette foule qui entrait incessamment dans la ville reparut bientôt sur les remparts, et tout aussitôt on vit les pierres des murs s'ébranler et rouler dans les fossés qu'elles comblaient.

D'un autre côté, des travailleurs étaient montés sur les toits des plus riches maisons, et en commençaient de même la démolition.

Cette œuvre, lentement commencée et en quelques points seulement, s'étendit bientôt avec une telle rapidité que, lorsque le soleil fut tout-à-fait levé, le tumulte était si grand et la poussière si épaisse, que la ville s'enveloppa dans un nuage blanchâtre qui ne permettait plus de rien voir.

Seulement on entendait de temps en temps le bruit d'un écroulement, et un flot de poussière pareil à un jet de fumée perçait le voile qui enveloppait la ville.

— C'est Saint-Estève qui tombe, disait David; c'est le palais de Comminges qui croule.

Le comte se taisait; une pâleur livide couvrait son visage immobile.

Tout-à-coup un bruit violent domina tous les autres, et une nouvelle bouffée de poussière monta vers le ciel.

David poussa un cri de rage, et le

comte murmura tout bas avec un accent de joie :

— C'est le Capitole qui tombe.

Le Capitole était le palais où se tenaient les Parlemens des bourgeois.

Le comte prit par la main l'enfant que David Roaix avait jusque-là porté dans ses bras, et s'éloigna en disant :

— N'oubliez rien ni l'un ni l'autre.

Othon piqua vers Beaucaire, et David Roaix demeura seul sur la colline.

Il y demeura jusqu'au soir, et deux jours n'étaient pas écoulés que Toulouse n'avait plus de remparts pour l'enceindre, plus de maisons fortes dans l'intérieur, à l'exception du château narbonnais, occupé par la garnison de Montfort.

Toulouse n'existait plus comme cité redoutable.

. . . .

. . . .

Note de l'Éditeur. — Aucun Lecteur, malgré la conclusion qui clot ce récit, ne croira terminée cette troisième partie de la grande épopée méridionale que FRÉDÉRIC SOULIÉ avait conçue, et dont les deux premières s'appellent : *Le vicomte de Béziers* et *le comte de Toulouse.* Mais la mort qui ne s'occupe pas des travaux des hommes qu'elle frappe, n'a pas permis à notre ami d'achever sa magnifique trilogie. Ses papiers, compulsés pour trouver la suite de ce travail, ont été fouillés sans succès. En remontant au ciel, SOULIÉ a emporté le dénouement de son œuvre avec lui, et nul ne le saura jamais.

LE DOUANIER

DES PYRÉNÉES.

I.

Voici une simple histoire qui n'a pas les prétentions d'être un avis ou une opinion, mais qui pourra montrer par quels liens cachés un article de loi bien froid, bien arithmétique, peut émouvoir des passions intimes et douloureuses.

Le jour venait de naître.

Ses premières clartés bordaient d'une frange de lumière les crêtes dentelées de la montagne, et semblaient affaisser sur la vallée de B... les dernières ombres de la nuit et la blanche vapeur du matin.

Une femme entr'ouvrit doucement la fenêtre d'une cabane assise sur le bord du chemin qui traverse la vallée dans toute sa longueur. Elle porta autour d'elle des regards inquiets; mais les collines n'avaient pas encore, sous la chaleur du soleil, relevé leurs voiles nuageux jusqu'à leur front, comme de belles esclaves qui livrent leurs charmes au regard ardent de leur sultan; et la femme ne put rien apercevoir de ce qu'elle semblait chercher avec tant d'anxiété.

Cependant, en abaissant ses yeux vers le pied de la fenêtre où elle était placée, elle aperçut un homme endormi, appuyé au mur de la maison ; elle pousse un léger cri de surprise, descend rapidement, ouvre la porte et court vers cet homme.

Ce n'était pas celui qu'elle attendait, car, à son aspect, elle s'arrêta.

Ce n'est pas non plus un étranger, car, dès qu'elle a été près de lui, et qu'elle a pu le contempler, elle a baissé les yeux subitement.

Elle a porté la main sur son cœur, comme si une vive douleur l'avait frappée; elle est restée immobile, et a murmuré avec un étonnement douloureux :

— C'est Gaspard !

La rougeur, qui monte aux joues de la jeune femme, dit encore plus que ses paroles combien cet aspect l'a troublée, et le mouvement lent et triste avec lequel elle se détourne pour rentrer dans sa maison, laisse voir facilement qu'elle obéit, en s'éloignant, à un devoir tout puissant, mais accompli avec douleur.

Cependant, avant que ce mouvement soit fini, Jeannette a relevé les yeux, sa tête n'a pas suivi le mouvement de son corps, et elle a regardé Gaspard avec ce regard doux et fauve des femmes du Midi, qui embrasse et parcourt à la fois ce qu'il contemple.

Oui, c'est Gaspard, avec ses beaux cheveux noirs qui s'échappent en bondissant de son bonnet de laine rouge, dont la longue forme retombe sur son épaule.

C'est lui, avec son beau visage de vingt-cinq ans, déjà pâle et triste, mais fier et méprisant ; le rire dédaigneux qui crispe d'ordinaire le coin de sa bouche, l'agite encore dans son sommeil. Il tient dans sa main le long bâton à deux bouts qu'il manie mieux qu'aucun homme de la montagne ; ses pieds nus dans ses espadrilles laissent voir de profondes écorchures, et sur sa chemise de fine toile attachée par une large épingle d'or à anneau, il y a du sang.

La jeune femme le contemple longuement ; puis, par une singulière préoccupation, ce regard, qui d'abord s'était arrêté sur cet homme endormi, semble s'en éloigner, sans cependant le quitter.

C'est que Jeannette se rappelle que Gaspard était son fiancé quand il avait vingt ans, et qu'elle en avait seize.

C'est qu'elle se rappelle que lorsque, lui orphelin, elle orpheline, ils allaient ensemble à la danse, on les saluait d'une bienvenue cordiale et souriante. Car tous deux étaient si frais, si beaux, si charmans, que c'était au cœur des plus indifférens une douce satisfaction de les voir au bras de l'un l'autre.

C'était comme une chose bien faite, heureusement arrivée, un de ces hasards où tout s'assortit si complètement, qu'on est bien aise de les avoir rencontrés. L'envie même se taisait devant eux.

Quelle femme en effet eût pu dire : j'étais plus belle que Jeannette, et il me l'a préférée ?

Quel homme eût pu dire je valais mieux que Gaspard, et c'est celui qu'elle a choisi.

C'est pour cela qu'elle le regardait ainsi endormi, pâle, triste, sanglant, en le voyant dans ses souvenirs, gai, alerte, joyeux. Doux souvenirs de joie, vous êtes devenus sans doute un regret ou un remords, car des larmes arrivent aux yeux de Jeannette, elle les laisse couler sans les sentir.

Pauvre femme!

Comme un enfant chassé de la maison paternelle par un créancier impitoyable, y rentre un soir sans qu'on l'aperçoive, et là, seul un moment, en parcourt les chambres une à une, regarde les moindres endroits, va fureter dans tous les coins pour y chercher des souvenirs passés ou des espérances perdues; de même, Jeannette seule un moment, semble s'être glissée dans le passé de ses jeunes années, pour les visiter une dernière fois, et y chercher aussi ses souvenirs d'autrefois et ses espérances perdues.

Et comme l'enfant pleure le bonheur qu'il a eu et le bonheur qu'il a rêvé, Jeannette pleure de même.

Ces souvenirs deviennent si poignans, qu'après les larmes, quelques sanglots montent de son cœur : elle appuie ses mains sur sa poitrine pour les comprimer, lorsqu'un sifflet aigu, parti du sommet de la colline voisine, vient la faire tressaillir.

Ce sifflet, elle l'a reconnu ; il lui annonce l'arrivée de son mari, Jean l'Espérou.

Par un mouvement de crainte indicible, Jeannette s'enfuit vers la porte, oubliant que ce sifflet part d'une distance d'une demi-lieue au moins, et qu'à défaut de la distance, la brume du matin a voilé à tous les yeux cette faute qu'elle vient de commettre.

Car, il faut le dire, Jeannette est une femme pieuse et honnête, comme elle a été une pieuse et honnête fille, et elle sent bien qu'elle a ouvert la porte de son cœur pour y recevoir un moment celui qui l'habitait autrefois, et c'est presqu'un aussi grand crime devant Dieu que le serait aux yeux des hommes d'avoir ouvert à Gaspard la porte de la maison où elle a suivi son mari.

Elle fait donc quelques pas pour s'en aller, priant mentalement, et se promettant de confier cette faiblesse au vénérable M. Castel, le curé de B...., vieillard débile et saint, qui la soutient de sa parole quand, dans ses promenades sur le bord du ruisseau, elle le soutient de sa jeune main.

Déjà Jeannette a touché le seuil de la porte, elle est prête à rentrer ; lorsqu'un nouveau coup de sifflet plus aigu se fait entendre.

Son mari descend rapidement, dans un quart-d'heure il sera à quelques pas de la maison.

Prête à se séparer une dernière fois de Gaspard elle jette sur lui un dernier regard. Il dort toujours.

Il dort, le malheureux, lui si prompt, si vif, si rapide; lui dont l'oreille saisit au loin les moindres bruits, en découvre la cause, en calcule la direction; il dort? Il a donc subi de bien rudes fatigues.

Quoi! ce sifflet ne l'a pas éveillé, comme l'aboiement du limier éveille le cerf dans le bois.

Mais l'Esperou va venir, et s'il trouve Gaspard endormi au pied de la maison, que fera-t-il?

— Gaspard! Gaspard! s'écrie Jeannette.

Gaspard s'éveille aussitôt.

Cette voix l'a frappé comme un de ces bruits inexplicables, qui passent purs et sonores au milieu du fracas des voix humaines, des cris ou des tempêtes. C'est que cette voix n'a pas touché à son oreille qui dormait vaincue, comme tous ses sens, par la fatigue et la douleur ; elle a frappé à son cœur qui veille toujours et qui a répondu aussitôt.

— Jeannette! s'écria-t-il en se mettant debout et avant de l'avoir vue, Jeannette, répéta-t-il en portant autour de lui un regard où s'agite une joie inquiète. Ah! c'est vous, madame, lui dit-il * en l'apercevant.

* Dans le parler patois, il dit : *Ah! sies bous l'Espérounna;* c'est-à-dire : *Ah! c'est vous la femme de l'Espérou.* Ne sachant pas comment rendre cette intention, nous la traduisons par *madame*, bien que le mot soit trop solennel et moins significatif.

Jeannette ne répond pas, mais elle ne s'en va pas.

Non que maintenant elle ait encore dans le cœur une seule pensée pour cet homme; mais parce qu'elle ne sait comment se retirer, comment lui expliquer pourquoi elle l'a appelé et pourquoi elle n'a rien à lui dire.

Un troisième coup de sifflet résonne au loin, Jean l'Espérou approche et Jeannette relevant les yeux sur Gaspard qui la considère d'un air triste et curieux.

— Vous entendez, Gaspard? lui dit-elle.

— Oui, c'est votre mari qui revient de la chasse aux contrebandiers.

Les paroles de Gaspard et le ton méprisant dont il les a prononcées, font rougir Jeannette, car l'insulte adressée à son mari est un reproche qui lui rappelle de bien tristes souvenirs, et elle réplique à Gaspard :

— Oui, le chasseur revient, et peut-être trouvera-t-il devant la porte de sa maison le gibier qu'il n'a pas rencontré sur la montagne.

— Non, Jeannette, il n'y a pas de contrebandier ici. Gaspard n'est à cette heure qu'un homme qui passe sur la route et qui s'y endort : C'est peut-être un vagabond que les gendarmes peuvent arrêter, mais ce n'est pas une proie de douanier. Jean l'Esperou peut arriver tant qu'il voudra. Je ne suis pas en faute.

Ce mot frappa Jeannette au cœur.

Qui donc était en faute, si ce n'est Gaspard, et pour qui avait-elle réellement peur en l'éveillant?

Elle se tait, et Gaspard continue avec cet accent de raillerie insultante qu'il a pris depuis que Jeannette lui a préféré l'Esperou.

— Vous pouvez m'en croire, dit-il, il n'y a rien à saisir ici pour votre mari le douanier, à moins que ce ne soit cette marchandise, ajouta-t-il en prenant son bâton, et alors, s'il l'essaie, il peut s'apprêter à signer son procès-verbal avec du sang.

— Ce que vous dites-là est cruel, reprit Jeannette froidement; c'est bien digne de vous. Vous tueriez mon mari pour me remercier de vous avoir éveillé, parce que je croyais qu'il y avait du péril pour vous ici.

— L'as-tu fait pour cela, Jeannette, s'écrie Gaspard en s'approchant d'elle; l'as-tu fait pour moi?

— Je l'ai fait pour nous tous, répond la jeune femme avec sa froideur émue. Je n'ai pas envie qu'il m'arrive un nouveau malheur.

— Un malheur à toi? et quel malheur t'est-il arrivé? tes enfans sont-ils

malades? as-tu perdu quelque chose?
Non, je sais qu'ils se portent bien, je
sais que tu es heureuse, je sais que
toutes tes journées se passent à travailler gaiement et en chantant; il
ne t'est pas arrivé de malheur.

Jeannette est femme; elle a compris, elle, que cet homme qui est informé si bien de l'état apparent de sa
vie, a dans le cœur une bien vive
préoccupation de ce qu'elle devient.
Mais lui ne l'a pas comprise quand
elle lui a dit qu'elle craignait un nouveau malheur; il n'a pas deviné ce
premier malheur; le malheur d'avoir
préféré l'Esperou.

Gaspard n'est qu'un homme, il ne

voit que la surface de la vie et du cœur, et les paroles imprudentes de Jeannette tombent dans son oreille sans lui donner ni espérance ni consolation : c'est pour cela que Jeannette lui réplique doucement.

— Vous avez raison, mais je sais combien tous deux vous vous haïssez.

— Pourquoi? dit amèrement Gaspard....

Jeannette rougit encore : elle a le cœur si plein de l'amour qu'elle inspire, qu'elle en parle malgré elle, et la réponse à la question de Gaspard eût dû être :

Il te hait, parce que tu m'aimes; tu le hais parce que je suis à lui.

Mais elle se contint et reprit.

— N'es-tu pas contrebandier? N'est-il pas brigadier de la douane? Une querelle pourrait naître entre vous. Tu es brave et terrible, Gaspard; mais Jean n'est ni moins brave ni moins emporté.

— Oh! je ne suis pas assez injuste pour ne pas le reconnaître, et quand il faisait comme nous et qu'il vivait d'un noble et vaillant métier, il était de tous le plus adroit et le plus intrépide; nous le regardions, et moi tout le premier, comme notre chef.

— Je le sais, dit Jeannette, et il t'a laissé cette place à prendre, n'est-ce pas?

— Oh! madame, reprit Gaspard en ricanant, il m'en a pris une autre qui lui allait mieux.

— Vous avez toujours refusé d'entrer dans les douanes, dit Jeannette.

— C'est vrai, répliqua Gaspard avec colère et mépris, c'est vrai, quoique ce fût le chemin pour arriver à votre cœur.

— Ah! Gaspard! dit Jeannette, triste d'être ainsi insultée.

— Est-ce que ce n'est pas vrai, dis-moi? s'écria le jeune homme; est-ce que lorsque nous allions nous marier, malgré l'amour que Jean avait pour toi, tu ne m'as pas dit : Gaspard, quitte ton état, redeviens un homme paisible et je suis à toi? Et parce que j'ai refusé et que Jean a accepté; parce que je suis resté fidèle à mes camarades, et que Jean les a trahis, ne l'as-tu pas préféré, ne l'as-tu pas épousé?

— J'ai fait mon devoir, Gaspard; j'ai voulu te faire sortir de ta vie de brigandages, pour que tu devinsses honnête homme; tu ne l'as pas voulu, ce n'est pas ma faute.

Gaspard resta un moment immobile et muet, et reprit un instant après :

— Ni ta faute, ni la mienne, Jeannette; c'est celle de M. Castel, c'est lui qui t'a prêchée, lui qui s'est servi de toi pour ramener, comme il dit, dans la bonne voie, un homme égaré; c'est lui qui t'a sacrifiée.

— Ne dis pas un mot contre le curé, s'écria Jeannette, c'est mon seul ami.

— C'est lui qui t'a perdue, te dis-je.

— C'est lui qui me console, au moins, reprit-elle.

— Jeannette! s'écria de nouveau Gaspard, pour qui ce mot éclairait d'un rayon subit tout ce que cette femme venait de lui avouer d'amour et de désespoir. — Jeannette!

Mais au moment où il allait lui saisir la main, un frôlement se fit entendre dans les broussailles, et un homme de cinquante ans, les cheveux blancs, le teint brûlé, maigre, osseux, l'œil farouche, parut à côté d'eux et s'écria :

— Que fais-tu là, damné amoureux, n'as-tu pas entendu le cri du corbeau. Cette nuit, quand tu m'as dit de veiller là-haut, parce que tu avais à faire dans la vallée, j'ai pensé que je te retrouverais ici. Mais, à ce que je vois, ce n'est pas à la porte que tu as veillé, et il devait faire plus chaud dans la chambre de l'Esperou que sur le haut de la colline, derrière un rideau, qu'à l'abri d'une branche de houx, et sur un matelas que sur une roche.

— Qu'osez-vous dire, s'écria Jeannette.

— *Sémélaïré**, dit Gaspard d'un ton froid, j'ai dormi à l'air de la nuit au pied de cette fenêtre, et c'est en sortant de la maison que Jeannette m'a éveillé.

— Qu'il soit vrai comme il est dit, repartit le vieux contrebandier, c'est votre affaire et non pas la mienne; mais ce qui presse, c'est de déguerpir. L'Esperou a des soupçons, on a battu la montagne toute la nuit; les verts (douaniers) ne font que rentrer.

— Tant mieux, ils seront fatigués, quand nous serons reposés : ils dormiront, quand nous serons debout.

* Le tonnelier qui fait ce qu'on appelle des comportes pour la vendange. Souvent dans le Midi on ne donne pas d'autres noms aux personnes que celui de leur état.

— Ta, ta, ta, fit le Sémélaïré, tu n'as que des jambes de carton à côté des jambes de cerf de l'Espérou. Je l'ai vu marcher dix-sept heures durant sans s'arrêter. Je l'ai vu travailler trois jours sans dormir ; je l'ai vu grimper sur des rochers que tu n'oserais pas regarder.

— Eh bien, qu'il nous suive demain s'il l'ose dans le chemin que j'ai découvert cette nuit, et du diable s'il n'y laisse ses jambes, et s'il ne s'y endort si bien qu'il ne s'éveillera plus.

— Oh! Gaspard, dit Jeannette.

— Allons, allons, le voilà, dit le Sémélaïré.

Et avant que Gaspard pût répondre, les deux contrebandiers disparurent derrière la maison.

Jeannette était restée debout sur la porte de la cabane.

Son cœur battait dans sa poitrine de l'émotion que lui avait causé son entretien, et surtout du commentaire qu'en avait fait le vieux contrebandier. Elle était pour ainsi dire absente du moment présent, tant sa pensée était préoccupée, lorsque son mari se trouva à côté d'elle.

C'était un homme de trente ans, peut-être plus beau que Gaspard, si la beauté se trouve dans ce qui dénote la force et la résolution dans l'homme.

Grand, bien fait, avec un visage austère, il eût pu servir de modèle à ces personnages à passions violentes et à volontés obstinées, qui font l'amour de notre moderne littérature.

Mais si complet qu'il eût été pour un poète, il lui manquait beaucoup pour une femme, surtout pour une femme de notre Midi, née avec l'amour et la joie dans l'âme; bien qu'une sainte éducation y eût fait dominer le devoir et la résignation.

Le fier regard de Jean l'Esperou, on le sentait, ne pouvait ni s'adoucir jusqu'à une prière, ni s'épanouir jusqu'à un sourire; il était fixe dans sa force.

Jean était bon mari, mais son visage grave et sa voix rude ne le disaient pas. Sa femme et ses enfants le craignaient, et il était peut-être le seul dans le secret de sa tendresse pour eux.

— Tu m'as entendu, Jeannette, lui dit-il en l'embrassant.

— Oui, j'ai reconnu ton signal, et j'aurais été au-devant de toi, si...

— Et tu serais gelée; et même tu es toute pâle et toute transie. Rentre, le feu est sans doute allumé; nous en avons besoin, car je t'amène un compagnon.

— Ohé! ohé! cria une voix à quelques pas, par où? par où?

— Par ici, dit Jean.

Aussitôt un homme, dont l'habit vert neuf attestait qu'il avait commencé depuis peu le périlleux état de douanier, se montra en regardant autour de lui et en disant :

— Tiens, c'est drôle! il m'a semblé voir marcher quelqu'un de l'autre côté de la maison, et je croyais que nous n'étions pas encore arrivés.

— Est-ce qu'il y a passé quelqu'un? dit Jean.

— Je n'ai vu personne, dit Jeannette toute troublée.

— Pourtant, foi de Crampon, dit le douanier, je jurerais...

— Ne jure pas, Pousse-Caillou, reprit Jean; tu as juré vingt fois dans notre marche que tu voyais des hommes, et c'étaient des branches de buis ou de houx; tu prenais l'écho du bruit de tes pas pour les pas d'un autre. C'est que c'est plus difficile d'être douanier que d'être caporal de la ligne.

— Selon, selon, dit Crampon en essuyant avec son mouchoir son fusil trempé d'humidité.

Il est sûr que c'est pas aisé à faire son pas en trois temps foncièrement et régulièrement en grimpant ces escaliers sans rampes que vous appelez des routes, et que je ne suis pas encore très-fort pour marcher sur la corde le long de ces petits boyaux de sentiers où le pied droit est gêné quand on y pose le pied gauche, ainsi de suite, tant qu'il y en a.

Je ne disconviens qu'il y a des pics où on ne se déploierait pas naturellement en front de bataille, et qu'on n'a pas toujours la place exacte pour tirer un coup de fusil régulièrement une, deux, trois, mais on s'y fera...

Il s'arrêta tout-à-coup au moment où il faisait le mouvement d'armer son fusil, et s'écria, en l'abattant sur sa main gauche... :

— Je vous dis que c'est vrai, il y a quelqu'un par ici, là, dans ces broussailles. J'ai vu remuer quelque chose.

— Où çà ?

— Là, au bout de mon fusil.

— Bah ! dit Jean, c'est peut-être un izard qui s'est égaré par ici, ou qui vient boire à la source qui est tout près.

— C'est-il bon un izard? dit Crampon sans déranger son fusil.

— Excellent, quand c'est bien préparé.

— Eh bien, la bourgeoise nous fera cuire celui-ci.

Et sans attendre, il lâcha au hasard son coup de fusil dans la direction où il avait vu un mouvement.

Jeannette poussa un cri perçant, et Crampon, tout ébahi du bruit effrayant de son coup de fusil répété par mille échos, se prit à dire :

— Tudieu! quel feu de file soigné pour un coup; c'est drôle : pourtant c'est bien tiré; je vas voir là, si la bête est tombée.

Jean rentra dans la maison en haussant les épaules.

Jeannette, pâle, tremblante, demeura sur le seuil.

La voix de son mari vint ajouter à son épouvante.

Il cria du fond de la cuisine et d'une voix sévère :

— Que diable as-tu donc fait ce matin, Jeannette? le feu n'est pas allumé, le déjeûner n'est pas prêt.

— C'est vrai, c'est vrai... C'est que j'ai été si tourmentée de ne pas te voir. Tu sais que je crains toujours.

— Allons, c'est bon, c'est bon, dit Jean, je ne te gronde pas. Allume le feu et ne tremble pas comme ça. On dirait que c'est la première nuit que je passe dehors. Tu es toute singulière ce matin. Eh bien! qu'est-ce que tu cherches?.... Voilà le briquet et les allumettes..... Voilà les sarments. On croirait que tu perds la tête.

— C'est cet homme avec son coup de fusil; tiens, il a éveillé les enfants; j'entends Paul qui pleure.

— Il faut qu'ils s'y accoutument, ça leur arrivera quelquefois d'être éveillés comme ça. Monte dans la chambre et habille-les.

Au moment où Jeannette saisissait la rampe de l'escalier, Crampon rentra en tenant une branche à la main.

— Eh bien! lui dit l'Esperou, qu'as-tu trouvé?

— Rien trouvé!

— Maladroit! fit Jean en soufflant le feu.

— Mais touché, reprit Crampon en montrant la branche; il y a du sang sur ces feuilles.

— Du sang! s'écria Jeannette.

— Du sang d'izard? dit Jean.

— Du sang d'homme, je parierais? dit Crampon.

— Comment! s'écria Jean en se levant.

— Je l'ai reconnu tout de suite à l'empreinte des pieds qui étaient tout autour.

— Des pieds d'hommes?

— Un peu, dit Crampon.

Jean jeta un regard rapide du côté de l'escalier.

Jeannette était montée dans la chambre.

Au moment où il allait l'y suivre, la porte s'ouvrit, et M. Castel, le curé de l'endroit, entra dans la cabane.

En le voyant, Jean se découvrit humblement; Crampon se mit à nettoyer son fusil, et Jeannette tomba à genoux devant le lit de ses enfants.

III.

M. Castel, curé de la petite commune de B....., était un de ces vieillards comme on en rencontre bien peu dans les Pyrénées.

L'air vif et dur de ces montagnes

use vite la vie. C'est surtout dans ce pays que l'on trouve à chaque pas de ces jeunes et ardentes existences qui se dévorent par trop de flamme; la poitrine inondée d'une atmosphère où domine l'oxigène se dilate, se gonfle et s'épanouit à respirer avec ivresse, jusqu'à ce que cette surabondance de vitalité l'irrite, la blesse et la tue au milieu des rêves d'une santé éternelle et des espérances les plus riantes de l'avenir.

Car c'est le symptôme le plus désespérant de cette maladie que les immenses et vagues espoirs des malades. Chaque jour de bonheur que le malheureux se promet est un jour de moins qui lui reste à vivre.

Deux heures avant la mort il pense à sa vieillesse, et au moment où le délire de son mal lui fait croire à l'éternité de sa vie, il expire sans avoir la conscience de sa fin.

Peut-être alors se trompe-t-il moins que ceux qui se plaignent; peut-être alors a-t-il atteint cette éternité suave qu'il rêve à l'insu des autres, et nul ne connaît assez la sagesse de Dieu pour pouvoir affirmer que les espérances qu'il donne à ceux qu'il frappe ne sont pas des prévisions.

Cependant, lorsqu'il arrive qu'une de ces frêles et vives existences qui entrent en lutte avec l'air et le ciel de nos climats, leur résistent et en triomphent, alors elles deviennent malsaines, fortes et vivaces; aucun mal ne semble plus pouvoir les atteindre.

Ces vainqueurs sont presque toujours des vieillards secs, maigres, nerveux, à peau parcheminée, jaune et ridée.

Ils ont une voix nette et forte; aucune de ces infirmités qui rendent la vieillesse lourde, paresseuse et dolente, ne leur est connue; ils ont un sommeil court, mais profond; ils gagnent de nombreuses années sur la vie commune, et de longues heures sur l'existence journalière. Ils doublent le temps accordé par la nature aux autres hommes.

Ces exceptions sont rares; mais toutes celles qui existent ont une singulière conformité d'aspect et d'habitudes.

Ainsi, M. Castel, comme tous les vieillards ainsi doués, se levait tous les jours à quatre heures du matin, et se couchait à minuit.

Tous les jours il sortait de très-grand matin, et s'en allait par les champs qui attendaient le laboureur, et quand celui-ci arrivait tardivement, il se prenait de honte en voyant levé avant lui le vieillard à qui son âge commandait le repos; car M. Castel avait près de quatre-vingt-dix ans.

Mais il n'était curé de la commune de B..... que depuis sept à huit ans, et ce fut dans les commencements de son séjour dans le pays qu'il usa de l'influence de sa parole et de son austère vertu pour arranger le mariage de Jeannette et de l'Esperou.

M. Castel, venu de l'intérieur de la plaine dans la montagne; habitué au respect des lois, et porté à blâmer, par sa nature et son caractère de prêtre, tout ce qui porte une apparence de faute et de désordre; M. Castel, disons-nous, avait, dès son arrivée dans la commune, prêché avec ardeur contre la contrebande et les contrebandiers.

Pour lui, la contrebande et le vol, les contrebandiers et les voleurs, étaient la même chose.

Et ce fut, dans ce premier moment de pieuse exaltation qu'il voulut donner à ses ouailles l'exemple d'une jeune fille préférant l'honnête citoyen rentré dans les voies du devoir et de l'obéissance, à celui qu'elle aimait, mais qui s'obstinait dans la révolte et l'inconduite.

Les années se passèrent sans que les soins ni l'éloquence de M. Castel parvinssent à rien changer aux habitudes des montagnards.

Mais selon les lois les plus simples de la nature, qui veulent que de deux choses, qui sont en contact continu et soumises à une action mutuelle, il y en ait une qui dévore l'autre; M. Castel, qui n'avait pu entamer les rudes coutumes des montagnards, se laissa gagner par leurs idées sur la contrebande.

En voyant d'honnêtes pères de famille, des fils respectueux, des hommes pleins de piété et de bienfaisance se livrer à cette coupable industrie, la culpabilité en diminua à ses yeux.

Ce crime, qui ne s'attaque à aucun individu en particulier, mais à la société en général, dont la conséquence n'est pas immédiatement perceptible; ce crime qui ne fait, pour ainsi dire, saigner aucune plaie patente, qui ne dérobe rien directement à personne, et dont on ne saurait nommer la victime, ce crime perdit peu à peu de sa gravité aux yeux du vénérable curé, et bientôt il parla avec moins de chaleur contre les coupables qu'il avait d'abord anathématisés.

Sans doute il ne partagea point le mépris public qui poursuivit Jean l'Esperou pour ce que l'on appelait sa trahison; il n'ajouta point sa voix au blâme universel qui exila Jeannette de l'amitié de toutes ses compagnes, pour s'être associé à l'ennemi de la fortune de tous.

Mais lorsqu'il vit le résultat qu'il avait obtenu pour l'un et pour l'autre, il les plaignit dans le fond de son âme, et se crut obligé de leur devenir un appui constant, un guide assidu et un consolateur secret.

Cela était peu nécessaire envers Jean l'Esperou.

Il ne s'était pas dissimulé que la position qu'il choisissait serait une position de guerre et d'inimitié.

Si quelquefois la froide haine et le

mépris flagrant qui l'entouraient lui devenaient cuisants, la douleur qu'il en éprouvait ne faisait que l'irriter, et c'était en devenant de plus en plus rigoureux dans l'exercice de ses devoirs, qu'il répondait à la réprobation commune.

Toutefois un chagrin incessant se joignait à ces chagrins passagers de l'Esperou : il aimait Jeannette. Jeannette s'était donnée à lui, elle l'avait épousé, et nul au monde n'eût osé dire qu'à aucune heure, à aucun moment, elle eût manqué de tendresse, de soins, de dévouement pour son mari, mais celui-ci avait vingt-huit ans quand il l'avait épousée.

Avant d'être le mari sévère de Jeannette et le brigadier actif et sans pitié de la douane, il avait été le brave et joyeux contrebandier, le beau danseur des belles jeunes filles; il savait comment on aime et comment on est aimé. Il avait vu plus d'un jeune et beau visage devenir heureux et confus à son aspect; il avait saisi plus d'un regard furtif l'admirant ou le cherchant. Il savait tout ce que des paroles indifférentes peuvent dire d'amour par une voix émue, tout ce qu'il y avait de désir de lui plaire dans le soin qu'on mettait souvent à l'éviter.

Et il n'avait rien trouvé de tout cela dans Jeannette.

Elle était pleine d'une sainte et tendre affection. Elle se réjouissait pour lui, s'affectait pour lui, s'inquiétait de son absence, se disait heureuse de son retour; mais à toutes ces apparences il manquait un sens profond.

Jamais il n'avait vu dans les yeux de Jeannette le bonheur indicible qui n'a d'autre raison que de penser intérieurement :

« Je l'aime. »

Jamais il n'avait découvert en elle cet orgueil de l'amour qui se complaît à s'appuyer sur l'objet aimé, sans autre cause pour une femme de se montrer fière, que de se dire tout bas :

— « Il est à moi ! »

Sans pouvoir faire un reproche à sa femme ; sans qu'aucun mot, aucune action pût justifier ce sentiment, l'Esperou était jaloux. Il ne se sentait pas aimé.

Ce fut donc en lui un mouvement cruel et terrible que celui où Crampon, rapportant la branche sanglante, déclara avoir remarqué des pieds d'homme près de la maison.

Le trouble de Jeannette, la négligence apportée aux apprêts du ménage, cet homme aperçu par Crampon ; tout cela lui était apparu d'un coup et l'avait bouleversé.

Aussi, quand il vit entrer M. Castel, l'Esperou le salua comme une providence.

Un mouvement si furieux, si désordonné s'était passé en lui, que lui-même s'en épouvanta, et accepta avec reconnaissance l'obstacle qui venait se placer entre sa colère et celle qui en était l'objet.

C'est que dans les cœurs longuement tourmentés d'une même pensée, la passion a fait pour ainsi dire tout son chemin en silence. Elle s'est posée en imagination dans toutes les situations où le hasard peut la conduire;

elle a discuté sur cette supposition le parti qu'elle aurait à prendre, elle l'a regardé en face, elle l'a arrêté.

Ainsi, l'Esperou s'était demandé plus d'une fois, et sans motif de se le demander, ce qu'il ferait si Jeannette le trahissait : il s'était répondu qu'il la tuerait.

Ainsi, quand l'idée qu'elle avait pu le trahir se présenta à lui, il n'avait pas à se consulter sur la résolution qu'il avait à prendre; il n'avait qu'à s'assurer du crime. Le châtiment était décidé.

Quand M. Castel entra, il avait l'air soucieux.

Il s'assit au coin du feu, et s'informa de la santé de Jeannette d'un air plus empressé qu'à l'ordinaire.

— Je ne sais pas comment elle se porte aujourd'hui, répondit brusquement l'Esperou, c'est à peine si je l'ai vue.

— Il y a quelque chose de nouveau ici, l'Esperou, répondit M. Castel; ce n'est pas ainsi que vous m'accueillez ordinairement; ce n'est pas ainsi que vous parlez ordinairement de votre femme.

— Ma foi, repartit l'Esperou, j'en parle comme elle est; et véritablement il y a du nouveau : quand je suis rentré ce matin, elle était toute troublée ; rien n'était arrangé dans la maison.

— Et le déjeûner n'était pas prêt, ajouta Crampon en posant son fusil dans l'intérieur de la cheminée pour le faire sécher. C'est ce qui a fâché le brigadier, il a l'estomac colère.

— Est-ce cela ? dit le curé.

— C'est ça ou autre chose... c'est...

— Jeannette est une honnête femme, reprit M. Castel.

— Pourquoi la défendez-vous quand je ne l'accuse pas ?

— C'est que vous l'accusez en vous-même. C'est que ce qui s'est passé ce matin ici vous a donné des soupçons qui sont injustes.

— Il s'est donc passé quelque chose! s'écria Jean en se levant et en se tournant vers l'escalier qui conduisait à la chambre.

Jeannette était descendue, et elle était debout, appuyée le long de la rampe.

— Oui, lui dit-elle. Ce matin, en ouvrant ma fenêtre, j'ai vu un homme endormi au pied de notre maison. Je suis descendue pour savoir qui ce pouvait être.

— Et c'était Gaspard, j'en suis sûr? reprit l'Esperou.

— Oui, dit Jeannette.

— Le beau Gaspard, fit Crampon, l'ex-amoureux de madame l'Esperou.

— Prends garde à ce que tu dis, s'écria l'Esperou.

— Si je vous ai offensé, brigadier, je suis prêt à vous en rendre raison.

— Ah! dit l'Esperou d'un air sombre, ce n'est pas de ton sang que j'ai envie.

— Et duquel, mon Dieu! s'écria le curé.

— Regardez comme cette femme est pâle, et vous le saurez, dit Jean. Elle m'a deviné, elle qui l'aime encore.

— Je suis innocente, monsieur le curé, s'écria Jeannette.

— Je le sais, mon enfant, je le sais, répondit le vieillard en se plaçant entre elle et son mari.

— Mais que se sont-ils dit durant deux heures? car elle se lève à six heures du matin; il en était huit quand je suis rentré, et quand je suis rentré il était encore ici; Crampon l'a vu s'enfuir.

— Un moment, brigadier, reprit Crampon. L'homme qui parle dit assez de bêtises pour ne pas en ajouter d'autres. J'ai avancé que j'avais vu passer un homme, mais je n'ai pas dit que ce fût le beau Gaspard. C'eût été bien imprudent de ma part, puisque je ne le connais pas.

— Qui t'a dit alors que ce ne fût pas lui?

— Et qui vous a dit alors que ce fût lui? repartit Crampon.

— D'ailleurs, dit le curé, Gaspard n'était pas seul quand je l'ai rencontré à deux cents pas d'ici, le Sémélaïré était avec lui, et Gaspard le pansait, car il avait au bras une blessure légère.

— Tiens, dit Crampon, c'est lui que le brigadier a pris pour un izard et que j'ai manqué de tuer.

— Eh bien! s'écria une voix qui partait de la porte de la cabane, tâche de ne pas le manquer une autre fois, car lui ne te manquera pas.

C'était le Sémélaïré.

Crampon en le voyant s'élança sur la porte. Le Sémélaïré se retira de côté.

Mais au moment où le douanier franchissait le seuil, il s'arrêta soudainement, poussa un cri en portant les mains sur sa tête, et tomba.

Tout le monde courut à lui; le Sémélaïré avait disparu.

Cet incident détourna les idées de chacun, et on transporta le douanier dans l'intérieur de la maison. Il n'était qu'étourdi; le coup de bâton que le

Sémélaïré lui avait asséné avait été amorti par le chapeau.

Crampon revint bientôt à lui, mais il fut pendant quelque temps comme un homme ivre, et il répétait sans cesse :

— Bon! bon! bien! très-bien!

Quand il eut tout-à-fait repris ses sens, il regarda autour de lui ; puis, apercevant le curé, il lui dit d'un air de jovialité cruelle :

— Curé! vous pouvez mettre du beurre dans vos épinards, je vous promets un enterrement.

L'Esperou regarda Crampon, et lui fit signe de se taire.

Puis, reprenant un air de tranquillité, il dit aussitôt :

— Si ce brave garçon n'en avait pas souffert, je serais presque content de son accident; ça m'a donné le temps de réfléchir. J'ai reconnu que je suis un fou. C'est une affaire de contrebande qu'ils sont venus arranger par ici.

— Je crois bien qu'il y a de la contrebande là-dessous, dit Crampon d'un air fin.

Jean fit semblant de ne pas entendre, et reprit :

— Je te demande pardon, Jeannette, et à vous aussi, monsieur le curé. Femme, va chercher les enfants, nous allons déjeûner tous ensemble.

Jeannette tendit la main à son mari, et monta près de ses enfants.

— Je suis bien aise de vous voir réconciliés, reprit M. Castel; car l'union est nécéssaire dans les ménages, quand les mauvaises nouvelles arrivent.

— Quelles mauvaises nouvelles, dit Jeannette qui rentra avec ses enfants.

— Est-ce qu'il y a de mauvaises nouvelles à craindre? dit l'Esperou, d'un air de bonheur qui ne lui était pas habituel, quand on a des enfants comme ça et une femme comme la mienne.

— C'est pour vos enfants surtout et pour votre femme que la nouvelle serait mauvaise si elle se réalisait.

— De quoi s'agit-il donc? dit l'Espérou.

— D'un projet de loi, repartit le curé.

— D'un projet de loi qui supprime les douaniers? demanda Crampon.

— Non, mais d'un projet de loi où il est dit que si l'un d'eux est blessé durant l'exercice de ses fonctions et qu'il ne meure pas de ses blessures dans l'espace de vingt jours, il n'aura pas de pension, même lorsqu'il serait incapable de reprendre du service; et en cas de mort sa veuve n'aura droit à la pension qu'autant que la mort aura eu lieu avant le vingtième jour de la blessure.

— Joli, joli, dit Crampon, ça va faire un charmant effet.

— Et quel effet crois-tu que ça fasse? dit l'Esperou, si ce n'est de dégoûter les honnêtes gens d'un service si mal récompensé?

— Ça fera, dit Crampon, du moins c'est l'effet que ça me fait, que lorsqu'on sera en face d'un contrebandier, on le tuera raide de peur qu'il ne vous blesse.

— Tu as raison, dit l'Esperou préoccupé, c'est le seul moyen d'en finir avec ces galans.

— Quels galans? fit Crampon.

— Je veux dire, reprit l'Esperou, les contrebandiers.

— Comment pouvez-vous avoir de telles pensées? dit M. Castel.

— Ma foi, monsieur le curé, on se défend comme on peut.

— C'est une guerre à mort que vous voulez engager avec les contrebandiers

— Eh bien! tant mieux? dit l'Esperou; si on est tué, du moins on laisse une pension à sa veuve et à ses enfants.

Le curé parut fort embarrassé et reprit :

— Sans doute, mais toujours à la

condition qu'on mourra dans les vingt jours de sa blessure.

— Oh! dit le brigadier d'un air tout-à-fait sérieux, ceci est abominable! laisser une femme sans pension parce qu'on n'est pas tué assez vite! ce serait à faire déserter l'administration, et si je m'en croyais..,

— Oh! dit Jeannette, si tu voulais...

L'Esperou la regarda et repartit :

— Non!... non!... il n'est pas encore temps, nous verrons...

Le déjeûner était prêt, mais, à l'instant où on allait se mettre à table, on frappa à la porte : c'était une lettre qu'on apportait à l'Esperou; elle portait le cachet de l'administration des douanes; le brigadier la lut, une vive rougeur lui monta au visage.

— Pardieu! s'écria-t-il, voilà bien les supérieurs; on se tue à faire son service, et voilà les compliments qu'ils vous envoient!

— Qu'est-ce donc? dit le curé.

— Le supérieur est toujours jaloux de l'inférieur, dit Crampon; j'avais un sergent dans ce goût-là. Quand j'ai quitté le régiment, je lui en ai dit un mot dans les fausses côtes avec un bout de fleuret.

— Eh bien, dit l'Esperou, on n'est pas mieux traité dans les douanes.

On se plaint que l'avant-dernière

nuit trois mules chargées de tabac ont passé la frontière, et que c'est par notre manque de surveillance. En même temps, on nous donne avis qu'il y a un convoi qui se tient prêt au village de C...., en Espagne, et qu'il tâchera de passer incessamment.

— Qu'est-ce qui le mènera? dit Crampon.

— Probablement le Sémélaïré.

— Bien, très-bien, *de profundis*, curé, ajouta le douanier en buvant un verre de vin. Et le Gaspard en sera-t-il?

— Je ne sais pas, dit l'Esperou en

baissant la tête, mais dépêchons-nous, nous avons des mesures à prendre, je vais vous accompagner un bout de chemin.

Le déjeûner se termina en silence; dès qu'il fut fini, les deux douaniers prirent leurs armes et sortirent.

Jeannette, demeurée seule avec le curé, lui raconta la scène qui s'était passée le matin entre elle et Gaspard, et l'amour qu'elle avait encore dans le cœur éclata si vivement dans ce triste récit, que le vieillard levait sans cesse les yeux au ciel avec un triste regard de repentir pour ce qu'il avait fait.

Pendant ce temps, l'Esperou avait l'entretien suivant avec Crampon :

— Tu veux tuer le Sémélaïré!

— Oui.

— Eh bien! moi, je veux tuer Gaspard.

— C'est dit.

— Comme il nous est défendu de tirer sans nécessité, il serait dangereux de tenter l'affaire tout seul.

— Diable!

— Voici ce que je te propose de faire.

— Voyons.

— Nous nous nous posterons tous deux ensemble; si tu aperçois le Sémélaïré, tire dessus, tue-le comme un chien, je jurerai devant Dieu qu'il t'a attaqué.

— Bien, très-bien, et si tu rencontres Gaspard, tu le tueras comme un moineau, et je jurerai devant les magistrats qu'il t'a attaqué.

— C'est convenu.

— C'est convenu.

— Maintenant, vas au bureau, dis qu'il nous faut quinze hommes pour cette nuit; je vais tâcher de découvrir la route par où ils doivent passer.

— Et comment la reconnaîtras-tu? est-ce qu'ils la marquent?

— Ils en marquent dix pour nous tromper; mais ils ont oublié que j'ai été des leurs. Gaspard n'est pas dans ce canton pour rien. Il a peut-être découvert un passage que je m'étais réservé autrefois. S'il en est ainsi, je te réponds de lui et du Sémélaïré.

— J'en accepte l'augure, dit Crampon avec un dandinement élégant.

Ils se séparèrent.

Crampon alla vers le village de B..... et l'Esperou s'enfonça dans la montagne.

Le soir de cette journée, un corps de douaniers gravit la montagne qui était située en face la maison de l'Esperou ; lorsqu'il eut atteint à peu près les deux tiers de la hauteur, Jean disposa ses hommes de manière à surveiller tous les sentiers qui conduisaient d'Espagne en France, et leur ordonna de ne quitter leur poste sous aucun prétexte, même quand ils entendraient le bruit d'un engagement.

Il donna pour raison à cet ordre qu'il arrivait souvent que les contrebandiers dirigeaient vers certains endroits une mule ou deux chargées de marchandises de peu de valeur, et que tandis qu'on les saisissait au milieu d'une résistance adroitement calculée pour attirer le concours de tous les surveillans, ils faisaient passer en d'autres points le véritable convoi de contrebande.

Après que l'Esperou eut pris ces dispositions, il continua avec Crampon à monter la route, et lorsqu'il eut atteint la sommité de la montagne, il se jeta rapidement à gauche, et à travers les broussailles et les houx, il descendit jusqu'à mi-côte d'une gorge profonde et pour ainsi dire ensevelie parmi les hauteurs qui la dominaient.

Au pied de cette gorge coulait un torrent dont les eaux étaient peu profondes; cependant, les rochers anfractueux qui servaient de lit à ce torrent ne permettaient pas de croire que personne osât s'y aventurer, et la montée de la colline était si rapide, que c'est à peine si Crampon pouvait se tenir debout, et que le plus souvent il glissait sur ses talons plutôt qu'il ne descendait.

La lune était levée et illuminait le paysage d'un éclat mort et immobile. Car, s'il faut le dire pour ceux qui n'ont pas vu la lune ailleurs que dans les poésies des faiseurs de vers, la lune n'a ni molle ni douce clarté, elle jette sur tous les objets une lumière droite et fixe; elle dessine les contours par une ligne sèche et durement arrêtée : ce n'est pas, comme lorsque le soleil est sur l'horizon, une clarté qui se brise en rebondissant, qui s'éparpille, pénètre partout et éclaire jusqu'à l'ombre, c'est une lumière qui tombe et qui dort à la place où elle est tombée.

Au moment où l'Esperou et Crampon arrivèrent à l'endroit où ils devaient s'arrêter, la lune n'était pas encore au sommet du ciel et ne plongeait pas jusque dans les profondeurs du ravin.

Le poste où se placèrent les deux douaniers n'était autre chose qu'une petite caverne creusée dans le flanc de la colline; une espèce d'esplanade de quelques pieds se trouvait en face et pouvait servir de lieu de repos.

Mais les yeux mal exercés de Crampon ne voyaient pas que de droite et de gauche glissait un chemin qui avait à peine un pied de largeur et qui était recouvert de mousse; il ne comprenait pas qu'on pût arriver à l'endroit où il se trouvait, autrement qu'ils n'avaient fait eux-mêmes, c'est-à-dire en traversant les halliers et en s'aidant des genoux et des mains.

A peine furent-ils sur cette esplanade, que l'Esperou se jeta rapidement dans la caverne en faisant signe à Crampon de le suivre; mais celui-ci, peu accoutumé à la majesté du spectacle qu'il avait sous les yeux, demeura un instant debout sur ce terrain, d'où l'on découvrait toute la vallée, ce ne fut que sur l'ordre pressant de l'Esperou qu'il se cacha à côté de lui.

— Maladroit, lui dit le brigadier, tu viens peut-être de nous faire manquer notre coup. Les contrebandiers rebrousseront chemin ou changeront de route, s'ils ont seulement aperçu le reflet de ton fusil ou le mouvement d'une ombre.

A cette heure, rien ne remue dans cette montagne, que des hommes, et si ces hommes ne sont pas des contrebandiers, ce sont des douaniers.

— C'est parfaitement juste, repartit Crampon; mais comme je n'ai rien vu remuer en face qui ressemble à un homme, je ne conçois pas ce qui aurait pu me voir remuer par ici.

— Ne vois-tu pas que nous sommes éclairés par la lune et que l'autre côté est encore dans l'obscurité.

Je te dis qu'ils doivent être déjà en marche : fais comme moi, et tu entendras sans doute le fer des mules résonner sur les cailloux.

Ils se couchèrent tous deux l'oreille contre terre, mais aucun bruit perceptible n'arriva jusqu'à eux, et l'Esperou ajouta en se levant :

— Ils sont plus avancés que nous ne pensions; ils ont descendu la colline qui nous fait face; ils ont passé le torrent, et probablement le convoi marche le long du petit sentier de sable qui borde son lit. C'est fort heureux pour nous; car ils n'ont pu nous apercevoir d'en bas.

Du reste, il leur faudra une bonne demi-heure jusqu'au moment où ils arriveront à la montée qui conduit ici; une heure encore pour arriver jusqu'à nous : ainsi enveloppe bien le bassinet de ton fusil, pour que l'humidité ne gagne pas la poudre, tire ton sabre; car si ton coup de fusil n'est pas juste, tu n'aurais pas porté la main à la poignée que tu auras un coup de bâton sur la tête, et tu sais ce qu'il pèse.

— Bien, très-bien! dit Crampon.

Et il se conforma aux instructions de l'Esperou et s'assit par terre, à côté de lui.

— Mais, dis-moi, reprit-il, comment diable es-tu si sûr qu'ils passeront par ici?

— C'est parce que j'ai reconnu les signaux convenus; une branche cassée d'un côté, deux petits brins de bois posés en croix à un autre, une pierre arrachée à la mousse qui la recouvrait, et qui montre qu'une main d'homme a passée par là, mille autres indices, devant lesquels tu passerais cent fois sans les apercevoir, m'ont appris la marche qu'ils suivront pas à pas et sans s'en écarter un instant.

— Mais c'est sans doute celui qui a reconnu le chemin, dit Crampon, qui sert de guide au convoi, et qui, par conséquent, leur enseigne par où il doit passer. Alors il n'est pas nécessaire de marquer la route.

— Cela arrive le plus souvent, mais un contrebandier peut manquer à chaque instant à l'appel; et s'il est absent, la contrebande n'en doit pas souffrir; un autre le remplace et suit le chemin qui a été indiqué, comme s'il l'avait lui-même visité, tant ils ont l'habitude de leurs signes de reconnaissance.

Comme ils parlaient ainsi, l'Esperou se pencha vivement vers la terre, et dit aussitôt à Crampon :

— Les voilà qui s'engagent dans la montée, encore dix minutes et ils sont perdus.

— Ne m'avais-tu pas dit qu'il leur fallait près d'une heure pour monter jusqu'ici ?

— Sans doute, mais une fois engagés dans le sentier qui longe la colline, il faut que le convoi passe devant nous, ou qu'il tombe dans le torrent, car il n'y a pas moyen de faire retourner une mule, et, à moins que le diable ne la prenne entre ses griffes et ne l'enlève de terre pour lui mettre la tête où elle avait la queue, il faut qu'elle marche en avant ou qu'elle reste en place. C'est pour cela que je me suis emparé de cet endroit, le seul où ils pouvaient faire leur évolution.

Crampon se pencha à son tour vers le sol ; et, quoique son oreille fût moins exercée que celle de l'Esperou, il reconnut bientôt le piétinement sourd des mules sur la terre, malgré la mousse qui la recouvrait.

— Bien, très-bien, dit-il ; voilà la lune dans tout son éclat ; et, quoique j'aimasse mieux avoir à tirer un coup de fusil en plein jour, je promets de reconnaître mon homme, bien qu'il ne m'ait pas laissé trop de temps pour considérer sa figure à mon aise.

L'Esperou répondit, en baissant encore plus la voix.

— Est-ce que tu t'imagines qu'ils vont te montrer leur figure ou te faire entendre leur voix ? Tu vas avoir devant les yeux, tout-à-l'heure, des figures noires comme celle du diable, et si tu entends quelque chose, ce ne sera que le bruit des coups que tu recevras ou que tu donneras.

Mais il est temps de nous taire; seulement écoute bien ceci : si c'est le Sémélaïré qui paraît le premier, je poserai en terre la crosse de mon fusil, et tu pourras l'expédier à ton aise ; si c'est Gaspard, je mettrai mon fusil à l'épaule, et tu me laisseras faire.

Crampon baissa la tête en signe d'assentiment, et tous deux restèrent immobiles et dans un silence complet.

Comme l'avait prévu l'Esperou, il se passa près d'une heure avant que le convoi n'arrivât assez près d'eux pour qu'ils pussent se montrer.

L'Esperou, attentif au bruit de sa marche, contenait l'impatience de Crampon, en lui disant, avec une justesse remarquable, la distance exacte où il se trouvait.

Enfin, lorsqu'il ne fut plus guère qu'à vingt-cinq pas de la caverne, l'Esperou arma son fusil et fit signe à Crampon d'en faire autant; il plaça son sabre nu à sa ceinture, et tous deux sortirent au même instant et se placèrent sur l'esplanade.

Au cri de qui vive! qu'ils prononcèrent, le convoi s'arrêta subitement; les deux hommes qui se trouvaient en tête se parlèrent rapidement et à voix basse.

C'étaient Gaspard et le Sémélaïré.

Il s'agissait pour eux d'une forte somme à gagner, ou de perdre tout ce qu'ils possédaient, car ils s'étaient engagés à faire passer le convoi pour une prime de dix-huit pour cent; une fois cette prime payée, ils devenaient responsables de la valeur des marchandises.

Comme l'Esperou l'avait prévu, il n'y avait aucun moyen de faire reculer le convoi; il fallait donc qu'il passât de vive force, et c'était leur vie que les contrebandiers jouaient contre leur fortune; ou bien qu'il fût saisi ou précipité dans le torrent, et c'était leur ruine qu'il fallait laisser s'accomplir.

La discussion ne fut pas longue, car le parti était pris sans doute d'avance.

A l'instant même les deux hommes disparurent, l'un à droite, l'autre à gauche de la route; Gaspard en se laissant glisser sur la pente qui descendait, comme s'il s'était enfoncé en terre, le Sémélaïré en se jetant du côté de la montée, et se dérobant sous les broussailles.

L'Esperou tint son fusil tout prêt en se tournant du côté de Gaspard, et il montra la montée à Crampon, pour lui apprendre que son ennemi venait de ce côté; ils suivirent tous deux attentivent le mouvement des broussailles, mais elles demeuraient immobiles du côté de l'Esperou, tandis qu'elles s'agitaient vivement du côté de Crampon.

— Celui-ci, l'œil fixé sur les branches qui remuaient devant lui, les suivaient du bout de son fusil, prêt à tirer dès qu'il apercevrait quelque chose.

En effet, l'agitation des broussailles indiquait la marche rapide du Sémélaïré, et Crampon voyant les branches du bord du sentier s'agiter comme si le contrebandier allait en sortir, Crampon assura son fusil à l'épaule, le coucha en joue vers cet endroit, et apercevant aussitôt un corps qui ressemblait à une tête d'homme, il tira après avoir bien visé. Le corps sur lequel il avait dirigé son coup de fusil disparut.

L'Esperou lui dit :

— Trop tôt!...

Et le Sémélaïré se montra debout, un bâton à la main.

En effet, le contrebandier, arrivé à sept ou huit pieds du sentier, avait poussé son bâton dans les broussailles pour les agiter comme s'il eût continué d'y ramper. Sa ruse avait réussi.

Crampon, en apercevant la petite cruche de terre que le Sémélaïré avait attachée au bout, s'imagina casser la tête à son ennemi qui était éloigné de toute la longueur de son bras et de son bâton de six pieds.

Crampon fut vivement surpris; mais c'était un homme de résolution et de sang-froid; il jeta son fusil, saisit son sabre, et s'avança vers le Séméiaïré; c'est ce qui le perdit.

Dans cet étroit sentier, il se plaça entre lui et l'Esperou, et rendit ainsi impossible le secours que celui-ci aurait pu lui porter.

Alors commença, entre le douanier et le contrebandier, un combat resserré sur une ligne de quelques pieds de long et un pied à peine de large.

Si d'une part le douanier avait quelque désavantage à cause du peu de longueur de son sabre, le contrebandier avait un désavantage égal à cause de la longueur de son bâton ; car si le premier pouvait être atteint par le second sans pouvoir le toucher, d'un autre côté, le Sémélaïré ne pouvait pas faire tournoyer son arme aisément sur le revers de cette colline qui montait presqu'à pic à côté de lui.

Cependant la lutte commença ; Crampon para avec assez d'adresse les premiers coups de bâton qui lui furent portés, en les faisant glisser sur son sabre.

L'Esperou, la main sur la détente de son fusil, promenait un regard rapide de l'endroit où il avait vu disparaître Gaspard à celui où le combat avait lieu.

Crampon avançait pied à pied, il avait acculé le contrebandier contre la tête de la première mule du convoi; encore un pas, et il le tenait à portée de sa lame, et le bâton du Sémélaïré lui devenait à peu près inutile, lorsqu'un coup de cette arme terrible, tombant sur le poignet du douanier, lui fit lâcher son sabre; et il commençait à peine à se baisser pour le ramasser, qu'un nouveau coup asséné sur la tête le fit tomber à genoux.

Ce mouvement découvrit le Sémélaïré à qui son ennemi servait pour ainsi dire de bouclier.

L'Esperou dirigea son fusil contre lui pour sauver son camarade près d'être achevé par un dernier coup de bâton; le fusil partit et la balle entra dans la poitrine du contrebandier qui tomba, mais qui, dans sa chute, s'accrochant à Crampon, l'entraîna avec lui.

Tous deux roulèrent dans le torrent où ils disparurent ensemble.

Quelque rapide qu'eût été le mouvement de l'Esperou, il n'avait pas eu le temps de jeter son fusil loin de lui, et saisir son sabre à sa ceinture, qu'un coup de bâton, lancé par Gaspard qui s'était glissé jusqu'à lui comme un serpent, l'atteignit au-dessus du genou, et le fit tomber à son tour; sa cuisse était cassée, et le douanier resta étendu sur le bord extrême de l'Esplanade, sans pouvoir remuer.

Le chemin était libre pour laisser passer le convoi.

Il passa en effet devant le blessé; hommes et bêtes défilèrent en silence, tandis que Gaspard, debout à côté de l'Esperou, le surveillait d'un regard attentif. Le moindre mouvement, le moindre cri du douanier, et le bâton de son rival lui brisait le crâne, ou son pied le précipitait dans l'abîme.

L'Esperou le savait : il ne bougea pas et il se tut, car il avait en lui une de ces haines profondes qui, au lieu de s'irriter contre l'impuissance du moment, au point de rejeter leur vie, attendent silencieusement pour pouvoir prendre plus tard leur revanche.

Quand le convoi fut entièrement passé, Gaspard dont le visage était barbouillé de noir et dont on voyait seulement reluire à la clarté de la lune les yeux ardens, Gaspard resta un moment seul avec l'Esperou.

Probablement qu'il agita en lui-même s'il se déferait de cet homme qui lui avait enlevé tout son bonheur et sans doute un sentiment de pitié, qui ne s'adressait pas à lui, le fit s'éloigner sans qu'il y eût une seule parole d'échangée entre eux.

Le lendemain, l'Esperou était dans son lit.

Huit longs jours de souffrance s'étaient passés depuis ce malheureux moment.

La nuit était venue; une faiblesse pesante accablait l'Esperou, car le matin même il avait subi une terrible opération : on avait été forcé de lui couper la cuisse. Les enfants dormaient dans leur berceau; c'est le privilége de cet âge, d'éteindre les chagrins dans le repos, et dans l'enfance les larmes même donnent le sommeil.

Jeannette était au pied du lit de son mari; M. Castel était à son chevet. Un silence profond régnait dans cette chambre. La jeune femme et le vieillard, qui veillaient, n'osaient pas même échanger un regard.

En ce moment un léger coup, frappé à la porte extérieure, vint les arracher à leur méditation.

M. Castel fit signe à Jeannette de descendre, car ce pouvait être une visite tardive du médecin. Jeannette descendit et alla ouvrir la porte.

Ce fut Gaspard qui se présenta.

La surprise de la femme de l'Esperou fut tellement grande, qu'elle ne put comprimer le cri de surprise que lui arracha l'apparition du contrebandier. Ce cri fit tressaillir M. Castel, et éveilla l'Esperou de son abattement.

A mesure que les autres sens s'éteignent chez un mourant, quand déjà ses yeux sont couverts d'un voile, et que ses mains glacées ne sentent plus, son oreille entend encore, et entend mieux qu'elle n'a jamais fait.

Aussi, malgré le soin que Jeannette prit de baisser la voix en parlant à Gaspard qui lui répondit de même, l'Esperou ne perdit pas un mot des paroles qui furent prononcées dans la chambre inférieure.

— Vous ici, dit Jeannette, vous qui avez assassiné mon mari, vous qui m'avez enlevé son affection, au point que depuis huit jours il n'a pas une parole de tendresse ou de pitié pour moi, sortez, sortez.

— Je n'ai pas assassiné ton mari, dit Gaspard, et c'est par pitié pour toi que je ne l'ai pas achevé sur la montagne, et pourtant si j'avais su ce que tu vas devenir, je l'aurais fait, au risque de porter ma tête sur l'échafaud, pour ne pas te laisser un mari impotent qui ne pourra te nourrir.

» Écoute, Jeannette, j'ai appris la nouvelle loi qui va se promulguer, et qui condamne, toi et tes enfants, à la misère, si ton mari échappe à la mort, ou s'il ne meurt d'ici à quelques jours.

— Quoi qu'il arrive, répondit Jeannette, Dieu viendra à notre aide, si ce ne sont les hommes.

— Eh! bien, répondit Gaspard, il est parmi ces hommes un ami qui ne t'abandonnera pas; cet ami, c'est moi.

» Tiens, voilà l'or que j'ai amassé dans le métier à cause duquel tu m'as abandonné; il te servira à nourrir les enfants de celui que tu m'as préféré.

En disant cela, Gaspard posa un sac sur un meuble et voulut sortir.

Jeannette se plaça entre lui et la porte, et lui dit avec une sainte indignation :

— Reprends cet or, ne vois-tu pas qu'il est tout taché du sang de mon mari.

— Je n'en ferai rien, dit Gaspard, en se croisant les bras, j'attendrai que ton mari t'appelle pour sortir de cette cabane.

— Eh bien! reprit Jeannette, je vais jeter cet or sur la route; et fasse

Dieu qu'il ne brûle pas la main du passant qui le ramassera !

Gaspard arrêta Jeannette, et lui dit d'un ton de voix suppliant :

— Tu ne penses qu'à toi, malheureuse, tu oublies tes enfants; ne sais-tu pas que l'Esperou a tué le vieux Sémélaïré, le plus honnête homme du pays; déjà, toi et ton mari, vous étiez l'objet de la haine de tout le monde, maintenant vous n'avez plus ni secours ni pitié à attendre de personne. Que lui et toi, vous soyez assez forts pour supporter la faim et le froid, je n'en doute pas, mais tes enfants; Jeannette, tes enfants te demanderont du pain !

— Mes pauvres enfants! murmura la jeune femme en cachant sa tête dans ses mains et en laissant échapper des sanglots qui retentirent jusqu'à l'oreille de l'Esperou.

Un moment de silence s'établit dans la chambre du rez-de-chaussée, et l'Esperou, qui avait écouté toutes les paroles d'un air sombre et d'une oreille avide, dit au vénérable curé :

— Est-il bien vrai que cette loi dise ce que vous m'avez annoncé hier, et dont Gaspard parle maintenant?

— Sans doute, répondit le curé; mais ce n'est qu'un projet qui ne s'accomplira pas, je l'espère.

— Quoi qu'il arrive, repartit l'Esperou, j'en sais un qui sauvera ma femme et mes enfants de la misère ; descendez, M. le curé, allez le dire à Jeannette, et ne la laissez pas balancer plus long-temps entre l'or de cet homme et la crainte qu'il lui a inspirée pour notre famille.

M. Castel quitta la chambre; son aspect rendit tout son courage à la malheureuse mère.

Jeannette prit le sac d'or et le jeta dehors de la cabane.

— Sortez maintenant, dit-elle à Gaspard, voici le seul protecteur à qui je demanderai appui, si Dieu m'enlève mon mari.

— Et tant que je vivrai, cet appui ne vous manquera pas, dit le curé; et quoique je sois bien vieux, j'espère que Dieu me fera vivre assez long-temps pour que Jean puisse se guérir, reprendre ses forces, et réaliser le projet qui doit vous sauver tous de la misère.

Le curé avait à peine fini de parler, et Gaspard était à peine sorti, en disant à Jeannette :

— Prends garde, voilà celui qui a fait ton premier malheur!

Et déjà ce projet était accompli.

Quand après avoir fermé la porte de la maison, Jeannette et le curé remontèrent dans la chambre de l'Esperou, le sang ruisselait sur le plancher, le lit en était inondé; tous deux se précipitèrent vers le moribond et arrachèrent sa couverture pour voir comment l'hémorragie avait pu si vite et si abondamment percer l'appareil posé sur la plaie; mais l'appareil n'y était plus, l'Esperou l'avait arraché.

Et quand le curé s'écria d'une voix désolée :

— Malheureux, qu'avez-vous fait?...

Le moribond répondit d'une voix éteinte :

— J'ai sauvé ma femme et mes enfants, car je serai mort dans le délai voulu par la loi.

Quelques minutes après, il expira.

Déjà l'hospice des Quinze-Vingts n'était plus ce qu'il avait été. Lorsque Saint-Louis le fonda, ce fut plutôt pour acquitter une dette que pour créer un établissement de bienfaisance.

Les premiers aveugles que reçut l'hospice des Quinze-Vingts, furent trois cents chevaliers laissés en ôtage au Soudan d'Égypte, et que le Soudan renvoya au roi de France, après leur avoir fait crever les yeux. C'est une chose digne de remarque que cet hôpital ouvert aujourd'hui à la misère des gens du peuple, ait reçu d'abord trois cents habitants nobles; que cette maison dont l'œuvre de charité se renferme parmi la population pauvre de Paris, doive son origine à la guerre que nous avions portée sur la côte d'Afrique, et à des malheurs qui avaient frappé si loin et si haut. Les Quinze-Vingts furent, à vrai dire, les Invalides de Saint-Louis.

Trois siècles n'étaient pas écoulés que la trace de cette origine était complètement effacée, et que les Quinze-Vingts étaient un hospice où on était reçu pour cause d'infirmité. Bien qu'il dût renfermer trois cents frères ou sœurs, il n'y avait déjà plus trois cents aveugles. La population des Quinze-Vingts se composait de cent cinquante-deux frères aveugles et de soixante frères voyants, pour les aider, les mener et les conduire; plus, de quatre-vingt-huit femmes tant aveugles que voyantes. Chacun était obligé d'y apporter une espèce de dot, et de faire abandon de ses biens en entrant dans la communauté. Toutefois, il y avait des frères et des sœurs qui pouvaient posséder en dehors quelques propriétés mobilières ou immobilières, et de même il existait des frères ou sœurs qui avaient seulement été admis par charité et sans rien apporter à la communauté. Parmi ceux-ci, nous trouvons Jean Desmasures, fils de Robert Desmasures, pionnier, mort en vidant les terres des douves des fossés de la ville, et Pierrette Lenoir, orpheline, tous deux aveugles. A cette époque, il y avait dans cette maison un portier voyant, ainsi que l'exigeaient les réglements, et appelé Mathurin Seguin ; il y avait de même une sœur voyante nommée Nicole Petitpied, employée au raccommodage et bonne tenue du linge de la maison.

Or, c'était un samedi du mois de juillet 1525, Nicole et Pierrette travaillaient dans une grande chambre où elles reprisaient les chemises qui devaient être distribuées le lendemain aux frères. Quoique aveugle, Pierrette était fort adroite, et quand son aiguille avait passé sur un accroc ou sur un trou, l'œil le plus exercé eût découvert difficilement la reprise qu'elle y avait faite. Aussi était-elle spécialement chargée du linge des jurés et administrateurs de la maison.

Le soir était venu, le jour était tout-à-fait tombé, Nicole avait renvoyé les sœurs voyantes qui travaillaient avec elle, mais au moment où Pierrette allait les suivre, Nicole l'avait retenue en lui disant :

— Tiens, raccommode-moi encore cette chemise.

— Mais le jour est fini, dit Pierrette.

— C'est pour cela que je ne puis le faire moi-même, dit Nicole, au lieu que pour toi le jour ne finit jamais.

— Oui dà, répondit Pierrette, parce qu'il ne commence jamais, n'est-ce pas, mais j'ai beaucoup travaillé aujourd'hui, toutes nos sœurs sont à se promener et à jouer sous les ormes de la grande cour, je veux aller avec elles.

— Je t'en prie, continua Nicole, cela ne sera pas bien long et tu me feras grand plaisir.

— Mais à qui donc est cette chemise, dit Pierrette, elle est de plus fine toile que celles même des jurés et administrateurs.

En parlant ainsi, elle cherchait au col la marque distinctive du linge de chaque frère, puis lorsqu'elle l'eut trouvée, elle se mit à sourire doucement et dit à Nicole :

— C'est donc pour lui, j'ai reconnu sa lettre ?

— Oui, repartit Nicole, c'est pour Jean Desmasures, c'est le linge qui lui vient de son oncle, le marchand de ferraille, et comme tout le monde est jaloux ici de le voir plus pimpant et mieux vêtu que les autres, on laisse toujours son linge le dernier, de façon qu'il est obligé de mettre les grosses chemises de l'hospice, et Jean en est tout chagrin.

— Et toi, tu l'aimes tant, reprit Pierrette, que tu me ferais travailler toute la nuit, pour que Jean Desmasures ne soit pas chagriné.

— Tu sais bien que je travaillerais moi-même, si on nous permettait d'avoir de la lumière quand le jour est fini. Tu es bien heureuse, toi, de n'avoir pas besoin d'y voir clair. Si tu l'aimais, tu pourrais travailler pour lui tant que tu voudrais. Oh! souvent j'aurais désiré être comme toi, si les réglements ne défendaient pas à une sœur aveugle d'épouser un frère aveugle.

— Tu comptes donc l'épouser? dit Pierrette.

— Oui vraiment, dès qu'il aura fini sa première année, car il n'y a que trois mois qu'il est dans la maison, et il faut que j'attende que son noviciat soit achevé.

— Il est singulier que je ne l'aie jamais rencontré.

— Oh! si tu l'avais rencontré, tu l'aurais remarqué tout de suite, tant il est beau et brave.

— Allons! allons! dit Pierrette avec

une grâce naïve, je verrai bien s'il est beau, au mal que m'en diront les frères voyants. Mais, tiens, voilà la chemise raccommodée, nous pouvons descendre dans la cour. Et maintenant, dis-moi, Mathurin Seguin est-il beau, lui?

Mathurin, dit Nicole en riant, c'est le plus vilain louchon que j'ai jamais vu.

— Qu'est-ce que c'est que ça un louchon? dit Pierrette.

— C'est un homme qui a les yeux de travers.

— Hélas! fit doucement Pierrette, ça vaut encore mieux que de ne pas en avoir du tout.

Les deux sœurs descendirent, et allèrent continuer leur conversation dans la cour plantée d'ormes qui servait de promenade commune. A un certain moment, elles passèrent devant la grande porte fermée d'une double grille selon l'ordonnance, et Nicole serra vivement le bras de Pierrette en lui disant :

— Le voilà... comme si l'aveugle avait pu voir celui qu'elle lui désignait ainsi. Le même mouvement eut lieu sur le banc de pierre où Jean Desmasures était assis près de Mathurin Seguin, et celui-ci dit de même en voyant passer les deux jeunes sœurs :

— La voilà.

— Qui ça, dit Jean.

— Et pardieu, Pierrette qui est si jolie et si gracieuse.

— Tu me parles toujours d'elle.

— C'est que je l'aime comme un fou; elle a une taille si droite, un teint si blanc et si frais, de si beaux cheveux blonds, et lorsqu'elle marche et qu'elle tend son pied ou sa main pour tâter l'endroit où elle se trouve, cette main est si blanche et si potelée, ce pied est si mièvre et si petit que j'ai envie de les prendre et de les embrasser.

A cette brûlante déclaration de Mathurin, Jean se prit à rire, et le portier reprit avec humeur :

— C'est que tu ne sais pas ce que c'est que d'aimer, toi.

— Ma foi, si je voulais écouter la sœur Nicole, je le saurais bien vite, car elle me dit sans cesse, quand elle me rencontre par hasard, que je suis en âge de me marier.

— Oh! le petit laideron, dit Mathurin; elle a bien fait de venir dans une maison d'aveugles, pour attraper un mari, car jamais elle n'en rencontrera un parmi les hommes qui ont de bons yeux.

— Elle est donc bien laide ?

— Elle est jaune comme un citron et elle a des cheveux rouges.

— Mais on dit que le rouge est une si belle couleur : les cardinaux sont en rouge, messieurs du parlement sont en rouge.

— C'est bon pour une robe, le rouge, mais pour des cheveux, c'est autre chose.

— Et c'est là tout ce que tu as à me dire?

— Non pas, il faut que tu me rendes un service.

— Et lequel?

— Il faut que tu parles à Pierrette pour moi, tu es mon ami, toi, et tu lui diras que je suis un brave et beau garçon.

— Mais, où pourrais-je la trouver?

— Ici, à l'heure de la promenade.

— Mais je ne pourrais pas la reconnaître, je n'ai jamais entendu sa voix.

— C'est demain dimanche, monseigneur l'archevêque doit venir visiter la maison, il y aura un sermon, et après le sermon un grand dîner, pendant lequel on chantera des cantiques, Pierrette chantera du côté des femmes et tu la distingueras facilement, à sa douce petite voix. D'ailleurs, je ferai en sorte de me faire remplacer à la porte, je me mettrai à côté de toi et je t'avertirai quand elle chantera.

Après ces paroles, chacun se retira, et il est probable que la conversation de Pierrette et de Nicole avait eu le même but que celle de Jean et de Mathurin, car la jeune sœur aveugle dit à la lingère en la quittant :

— Eh bien, soit! demain je lui parlerai.

Le lendemain venu, ce fut grande fête dans la maison, car monseigneur l'archevêque apportait le pardon de toutes les fautes commises. Comme représentant de Dieu, il amenait l'indulgence avec lui : et c'est la plus belle part de royauté que les prêtres aient jamais possédée sur la terre. Le sermon de ce dimanche fut meilleur et plus long que celui de tous les autres dimanches : beaucoup de personnages d'importance assistaient à la cérémonie, et monseigneur l'archevêque désira faire quelque chose qui leur fût agréable. Il fit donc appeler près de lui un des six gouverneurs de la maison, notable bourgeois, selon le vœu de l'ordonnance de 1522, et lui dit qu'il serait bien aise que le pain bénit fût présenté par les deux plus jeunes aveugles homme et femme de l'établissement; il se trouva que c'était à Jean et à Pierrette que revenait ce soin, et deux jurés allèrent les chercher séparément chacun à leur banc, et on leur remit une belle corbeille couronnée de fleurs, qu'ils allèrent présenter à tous les endroits qu'on leur avait désignés. Ni Jean ni Pierrette n'avaient prononcé une parole durant ce service, et comme

on leur avait dit tout simplement :
Faites ceci, faites cela; ils ne savaient
rien, sinon qu'ils étaient deux aveugles
portant le pain bénit. Mais lorsqu'en
allant à travers l'église pour arriver
aux premiers bancs, ils entendirent le
murmure flatteur qu'ils excitaient, ils
furent tout surpris. Leur oreille habi-
tuée à percevoir les paroles les plus
fugitives, déroba par-ci, par-là, au
bruit sourd et discret de cette admiration, des mots comme ceux-ci : Qu'ils
sont beaux tous deux ! — qu'ils sont in-
téressants ! — quel malheur qu'ils ne
puissent se voir, ils s'aimeraient !

A cette dernière exclamation le panier qu'ils portaient tressaillit entre

eux, car chacun l'avait doucement agité par un mouvement involontaire.

Ce fut un trouble encore bien plus grand quand ils arrivèrent aux siéges des dames et des seigneurs qui s'étaient rendus à l'invitation de monseigneur l'archevêque.

— Mais voyez donc quel charmant visage a ce jeune homme, dit une voix de femme... et une voix d'homme répondit :

— J'aime mieux garder mon admiration pour cette belle fille!

— Quels cheveux noirs admirablement bouclés!

— Quels cheveux blonds, doux à voir et sans doute à toucher!

— Qu'il a l'air charmant!

— Qu'elle a l'air gracieux!

Et tous deux confus et rouges de pudeur et de joie continuèrent, en portant haut le front, leur embarras et leur modestie, car un aveugle qui rougit ne baisse point les yeux et ne détourne point la tête. Puis, quand tous deux eurent fini leur service et allèrent déposer le panier dans la sacristie, ils se dirent tout-à-coup :

— Vous êtes Pierrette, n'est-ce pas?

— Et vous Jean Desmasures ?

— Pierrette, j'ai à vous parler.

— Et moi aussi, Jean.

Le dîner arriva à son tour, et chacun d'eux se trouva assis à côté de son ami.

Pierrette près de Nicole, Jean près de Mathurin. Toutefois, par une retenue que rien n'explique que ce qui est inexplicable, c'est-à-dire l'instinct du cœur, cette perception suave qui fait parler l'âme à l'âme en un langage qui n'a pas besoin de paroles pour être entendu, par cette retenue merveilleuse des gens qui se font un secret à deux, sans s'avertir de se taire, ni Jean ni Pierrette ne dirent à Mathurin et à Nicole qu'ils se connaissaient déjà. Mais lorsque Jean se mit à chanter, Pierrette dit tout bas à Nicole :

— Le voilà, n'est-ce pas ?

Et de même, quand Pierrette chanta, Jean dit à Mathurin

— La voilà !

Tous deux avaient maintenant les yeux de l'oreille pour se reconnaître. Puis les chants cessèrent et ils ne se virent plus. Le silence, c'était leur nuit.

La promenade vint enfin, et Nicole et Mathurin conduisirent chacun leur confident l'un vers l'autre. Ils n'étaient point gens à remarquer que tous deux se taisaient. Oh! que Pierrette se serait bien gardée de parler, quoique souvent elle s'en allât en chantant gaîment. Avertir ainsi Jean de sa présence, eût été l'appeler. Et quelle jeune fille ose faire un signe d'intelligence à l'homme qui, pour la première fois, la trouble dans son âme, et qui lui fait mettre la main sur son cœur, en disant :

— C'est singulier, je suis toute oppressée.

De son côté, Jean eût craint de manquer de respect à Pierrette, en lui montrant qu'il l'attendait ; car le respect est le premier hommage d'un amour jeune.

Heureusement pour eux, Jean et Nicole étaient là pour les réunir. Le portier et la lingère s'abordèrent pour se parler, et la première fois de leur vie ils se trouvèrent d'accord pour laisser Pierrette et Jean ensemble.

Les pauvres enfants furent d'abord bien embarrassés de ce qu'ils avaient à se dire. La commission dont on les avait chargés était loin d'eux. Leur cœur leur en avait donné une bien plus importante et bien plus pressée.

Cependant il fallut y revenir. Ces deux pauvres existences, frappées de la même douleur, comprirent qu'elles ne pouvaient s'appuyer l'une sur l'autre, et les pauvres aveugles pensèrent qu'il valait mieux qu'elles fussent confiées à des mains amies qui pourraient les soutenir. D'ailleurs ils ne seraient pas tout-à-fait séparés ; Nicole parlerait de Jean à Pierrette, et Jean entendrait l'éloge de Pierrette dans la bouche de Mathurin.

Cependant ce fut Jean qui commença.

— Ma sœur, dit-il, tout le monde vous aime dans la maison, et il y a quelqu'un qui vous aime plus que tout le monde.

Pierrette devint toute tremblante, et eut à peine la force de demander qui l'aimait ainsi ?

— C'est Mathurin Seguin, répondit Jean, et il est bien heureux de vous aimer, car il dit que vous êtes si belle et si bonne...

— Ah ! dit Pierrette, c'est Mathurin qui m'aime ainsi.

Et son visage prit un air de tristesse que Jean ne vit pas.

— Oui, continua-t-il, Mathurin vous aime, et il veut vous épouser.

— Et il vous a chargé de me le dire? reprit Pierrette d'un ton piqué. Eh bien! on m'a chargé aussi de vous dire la même chose : Nicole vous aime, et serait bien aise de vous épouser.

— Nicole! reprit Jean; c'est votre amie, n'est-ce pas?

— Oui.

— Alors elle doit être bien bonne et bien belle.

— Dame, je ne l'ai pas vue, et je ne puis pas en répondre plus que vous de Mathurin.

Ils se turent un moment; puis, après ce silence, Jean reprit tout-à-coup :

— Mathurin m'a dit que Nicole était bien laide.

— Nicole m'a dit que Mathurin n'était pas beau.

— Qu'il est heureux d'avoir des yeux pour vous voir.

— Elle est bien heureuse aussi.

Ils cessèrent encore de parler, et Jean reprit après un assez long temps :

— Est-ce que vous aimez Mathurin ?

— Est-ce que vous aimez Nicole ?

Ni l'un ni l'autre ne répondirent. Nouveau silence interrompu encore par Jean.

— Eh bien! que faut-il que je réponde à Mathurin ?

— Eh bien! que dirais-je à Nicole ?

— Dites-lui que je vous aime, répondit Jean, comme si cette parole lui eût échappé du cœur.

— Oh mon Dieu! taisez-vous, s'écria doucement Pierrette en s'approchant de Jean ; je les entends qui nous suivent; s'ils nous avaient entendus ils nous empêcheraient de nous reparler, et...

La cloche sonna, et les deux jeunes aveugles furent forcés de se séparer.

Ils s'entendaient déjà si bien, que tous deux mentirent chacun de son côté, en disant l'un à Mathurin, l'autre à Nicole :

— Il faut que je lui parle encore :

on ne peut pas tout dire le premier jour; mais je serai plus à mon aise demain.

Et comme Nicole et Mathurin parlaient sans relâche de celui et de celle qu'ils aimaient, les deux jeunes aveugles les écoutaient avec une attention merveilleuse. Ils faisaient des questions pour se faire répondre, et ne pouvant se voir, ils se regardaient par les yeux de leurs confidents.

Cela dura ainsi plusieurs mois, et lorsque Mathurin et Nicole s'impatientaient de ne pas voir leurs affaires plus avancées, malgré les entretiens fréquents qu'ils procuraient à leurs jeunes confidents; il y avait long-temps qu'il n'était plus question d'eux dans ces entretiens et que Pierrette et Jean s'étaient juré de s'aimer toute la vie.

Il arriva enfin une circonstance qui fit tout découvrir. Un jour, le sieur Des Haudry vint visiter la maison des Quinze-Vingts ; c'était un homme libéral, et qui, voulant laisser des traces de sa visite dans l'hospice royal, annonça qu'il donnerait une dot à un frère aveugle, et une autre dot à une sœur aveugle pour que le premier épousât une sœur voyante, et la seconde un frère voyant.

Il se fit présenter tous les aveugles de la maison, et son choix tomba sur Pierrette et sur Jean.

Le lendemain, le premier des six gouverneurs fit appeler les deux jeunes gens, et leur apprit le bonheur qui leur était arrivé, en les engageant à faire un choix et en leur désignant Nicole à Jean, Mathurin à Pierrette; car lorsque le portier et la lingère avaient appris cette bonne fortune, ils s'étaient empressés de se mettre sur les rangs.

La manière brusque dont cette nouvelle fut annoncée aux jeunes aveugles, ne leur permit pas de répondre : mais lorsqu'ils se trouvèrent seuls, ils marchèrent silencieusement l'un près de l'autre, craignant de s'interroger. Enfin, arrivés au bout du couloir où ils devaient se quitter, Jean arrêta Pierrette.

— Vous n'avez donc rien à me dire?

— Ni vous non plus?

— Oh moi! vous savez que je n'épouserai pas Nicole.

— Vous croyez donc que je veux épouser Mathurin?

— Non, je ne le croyais pas, mais j'attendais que vous me l'eussiez dit.

— Vous refuserez donc?

— Oui, mais que deviendrons-nous?

— Eh bien! reprit la jeune fille, nous resterons frère et sœur.

— Nous nous aimons pourtant assez pour qu'on nous marie?

— Vous savez bien que le réglement défend de marier deux aveugles.

— Oui, mais cela ne les empêche pas de se marier s'ils le veulent.

— A condition qu'ils quitteront la maison.

— Ne pouvons-nous pas vivre ailleurs?

— Nous, pauvres gens aveugles, nous nous perdrions hors de cette maison.

— Est-ce qu'on se perd quand on reste toujours ensemble?

— C'est impossible, dit Pierrette, jamais, je n'oserai jamais.

Elle s'éloigna rapidement, et Jean se trouva seul avec Mathurin, qui s'était mis sur leur passage pour apprendre le résultat de leur conférence avec l'administrateur. Mathurin fit une rude querelle à Jean et courut sur-le-champ dénoncer cet amour au chapitre de la communauté. Cela fit grand tapage, car la donation du sieur Des Haudry était subordonnée aux mariages des deux aveugles, et la communauté s'appauvrissait d'autant par leur refus. On tenta tous les moyens pour décider les deux amans, on leur remontra qu'ils ne pouvaient être mariés, ils répondaient : Nous nous aimerons. On leur disait qu'ils étaient à charge à la communauté, et qu'il était indigne à eux de la priver d'un bien si considérable, ils répondaient : Nous nous en irons. Alors on espéra vaincre leur obstination en les séparant. Jamais ils ne se rencontraient plus dans les cours ni au réfectoire. Il n'y avait qu'à l'église où ils étaient ensemble, mais loin, bien loin l'un de l'autre, et cependant ils s'entendaient. Ce n'était plus à Dieu que leur voix envoyait le serment d'une foi éternelle, c'était à eux-mêmes, et tous deux, en sortant de l'église, se sentaient plus forts et plus joyeux.

Cependant un dimanche vint où Pierrette n'alla pas à l'église. La pauvre enfant était malade. Mais on ne le dit point à Jean et on lui donna plutôt à entendre qu'elle était décidée à épouser Mathurin, et qu'il ferait bien d'imiter son exemple. Le désespoir de Jean fut horrible, car il eut la faiblesse de croire ce qu'on lui disait. Pourtant, avant de prendre un parti, il se résolut d'attendre le dimanche suivant pour voir si on annoncerait au prône le mariage de Pierrette Lenoir. Hélas! c'est ce qui arriva.

Mathurin avait soufflé cette infâme ruse au premier administrateur, qui trompa le curé. Mathurin disait que Jean épouserait Nicole s'il était sûr de l'abandon de Pierrette, et il prétendait même qu'ensuite la jeune fille ferait de même. Pour mieux assurer le succès de ce complot, on employa le même moyen contre Pierrette que contre Jean ; on l'éloigna de l'église, et le dimanche suivant on annonça devant Pierrette le mariage de Jean et de Nicole. On fut obligé d'emporter la jeune fille. Tous deux se croyant trahis, se résolurent à céder aux instances des administrateurs. Le troisième dimanche, ils étaient tous deux à l'église ; ils se reconnurent à leurs chants, mais leurs chants ne se parlaient plus.

On publia les derniers bans, et tous deux entendirent que ni l'un ni l'autre ne démentait ce qui était annoncé. Le sieur Des Haudry ayant appris que ses protégés avaient accepté les dots qu'il leur avait données voulut assister à la cérémonie, et demanda qu'elle s'accomplît le même jour. Les administrateurs prirent leurs précautions pour que tout se passât à leur gré; et durant tous les préparatifs, les deux jeunes gens furent tenus éloignés l'un de l'autre. Mais le moment vint où les quatre fiancés s'approchèrent ensemble de l'autel, et Pierrette et Jean se sentirent marcher l'un près de l'autre. Si tous deux avaient pu voir leur démarche chancelante et leur figure pâle, ils auraient compris qu'on les avait trompés; mais les malheureux ne voyaient point et n'osaient parler.

Ils étaient déjà agenouillés, n'ayant plus ni force ni courage. Le prêtre demanda à Mathurin Seguin s'il voulait épouser Pierrette Lenoir, et Mathurin répondit : Oui. Il demanda ensuite à Pierrette Lenoir si elle voulait épouser Mathurin Seguin; elle ne répondit pas, et comme le prêtre, étonné de son silence, allait renouveler sa question, Jean, emporté par sa douleur et sa colère, s'écria :

— Réponds donc, Pierrette, veux-tu épouser Mathurin ?

— Puisque tu le veux, dit Pierrette, en éclatant en sanglots.

— Moi! s'écria Jean.

Et, guidé par son amour, il s'élança vers Pierrette, en criant :

— Non, je ne le veux pas, et je ne

veux pas épouser Nicole.... C'est toi que je veux épouser.

On s'imagine facilement le scandale que causa une telle scène dans l'église. On entraîna les quatre mariés dans la sacristie, et là on les accabla des plus vifs reproches. Mais Pierrette et Jean étaient ensemble, ils étaient forts l'un de l'autre, et ils déclarèrent fermement qu'ils ne consentiraient point à se séparer.

— Sortez donc de cette maison, leur dit l'administrateur, vous êtes indignes de ses bienfaits.

Et tout aussitôt, sans leur permettre de rentrer dans l'hospice, on les chassa honteusement. Ils traversèrent ainsi toute l'église la main dans la main, au milieu des murmures et des blâmes qu'on leur jetait de tous côtés. Ce n'était pas ainsi qu'ils y avaient marché ensemble la première fois. Ils s'en allaient pleurant et s'humiliant, car ils n'avaient espérance en personne, ni en eux-mêmes; pauvres aveugles, qu'allaient-ils devenir! Heureusement Dieu inspira au sieur Des Haudry de réparer le mal qu'il avait fait. Il apprit la vérité, et quand il sortit de l'église, il trouva les deux enfants debout sous le portail, ne sachant où aller, inaccoutumés à implorer la charité publique, et se tenant par la main sans oser même se parler devant une foule de mendians qui les insultaient.

— Place! place! cria le sieur Des Haudry en arrivant ; suivez-moi en mon hôtel, mes enfants, je vous ferai un si bel asile que tous ceux qui ont voulu vous faire du mal envieront votre place.

Il se mit à marcher fièrement devant eux, pour imposer à la multitude assemblée, et les deux aveugles le suivirent au bruit de ses éperons qui résonnaient à chaque pas, car le sieur Des Haudry était un noble chevalier ; et bien qu'il eût plusieurs valets à sa suite, Pierrette ni Jean n'eurent point besoin de leurs secours et ne s'éloignèrent point de leur protecteur jusqu'à ce qu'ils fussent dans son hôtel.

Huit jours après, le sieur Des Haudry les maria magnifiquement, et ce fut à l'occasion de cette aventure, qu'il fonda dans sa maison un nouvel hospice d'aveugles qui subsista près de deux siècles dans la rue qui porte encore le nom de rue des Vieilles-Haudriettes.

TABLE

DES CHAPITRES

DU SECOND VOLUME.

	Pages.
Chapitre XIII.	5
— XIV.	27
— XV.	51
— XVI.	73
— XVII.	93
— XVIII.	117
Épilogue.	141
Le Douanier des Pyrénées.	149
Chapitre Ier.	151
— II.	179
— III.	193
— IV.	231
— V.	249
— VI.	265
Jean et Pierrette.	279

LA FERTÉ-S-JOUARRE. — IMP. DE GUÉDON.

SOUS PRESSE.

Le Drame de Quatre-vingt-treize

SCÈNES DE LA VIE RÉVOLUTIONNAIRE

Par Alexandre DUMAS.

UN OUVRAGE NOUVEAU

Par Alexandre DUMAS fils.

LES DERNIERS PAYENS

Par Félix DERIÉGE

MONTÉVIDEO

Par Alexandre DUMAS. — 1 vol.

MÉMOIRES DE DON JUAN

Par Félicien MALLEFILLE.

NOBLESSE OBLIGE

Par F. de BAZANCOURT.

MÉMOIRES DE TALMA

ÉCRITS PAR LUI-MÊME

Recueillis et mis en ordre sur les papiers de sa famille

Par ALEXANDRE DUMAS. — Tomes V et VI.

LAGNY. — Imprimerie de VIALAT et Cie.

www.ingramcontent.com/pod-product-compliance
Lightning Source LLC
Chambersburg PA
CBHW060510170426
43199CB00011B/1391